INHALTSVERZEICHNIS

AUSZUG RASSESTANDARD DER FCI	3
ÜBER DEN AUTOR	5
Kapitel 1: RASSEGESCHICHTE	6
Kapitel 2: KAUF EINES WELPEN	11
Kapitel 3: HALTUNG UND PFLEGE	27
Kapitel 4: ERZIEHUNG UND AUSBILDUNG	37
Kapitel 5: AUSSTELLUNGEN	47
Kapitel 6: ZUCHT	59
Kapitel 7: GESUNDHEITSFÜRSORGE	75

© 1996 KYNOS VERLAG Dr. Dieter Fleig GmbH
Am Remelsbach 30 - D-54570 Mürlenbach/Eifel
Telefon: 06594/653 - Telefax: 06594/452

ISBN-Nr.: 3-929545-39-X

© Englische Originalausgabe
Ringpress Books Limited
Lydney, 1996

Druck und Herstellung: Ringpress Books Ltd. Lydney

Fotos: Carol Ann Johnson

Übersetzung: D. und H. Fleig

Das Werk einschließlich aller seiner Teile ist urheberrechtlich geschützt. Jede Verwertung außerhalb der engen Grenzen des Urheberrechtsgesetzes ist ohne schriftliche Zustimmung des Verlages unzulässig und strafbar. Das gilt insbesondere für Vervielfältigungen, Übersetzungen, Mikroverfilmungen und die Einspeicherung und Verarbeitung in elektronischen Systemen.

Rassestandard der FCI: DEUTSCHER BOXER
FCI-Standard Nr. 144, Ursprungsland: Deutschland

ALLGEMEINES ERSCHEINUNGSBILD: Der Boxer ist ein mittelgroßer, glatthaariger, stämmiger Hund mit kurzem, quadratischen Gebäude und starken Knochen. Die Muskulatur ist trocken, kräftig entwickelt und plastisch hervortretend. Die Bewegungen sind lebhaft, voll Kraft und Adel. Der Boxer darf weder plump noch schwerfällig, noch leibarm oder windig erscheinen.

WICHTIGE MASSVERHÄLTNISSE (PROPORTIONEN): a) Länge des Gebäudes: Widerristhöhe: Das Gebäude ist quadratisch, d.h. die Begrenzungslinien, eine waagerechte den Rücken und je eine senkrechte die Bugspitze bzw. die Sitzbeinhöcker berührend, bilden ein Quadrat. b) Brusttiefe: Widerristhöhe: Die Brust reicht bis zu den Ellenbogen. Die Brusttiefe beträgt die Hälfte der Widerristhöhe. c) Länge des Nasenrückens: Länge des Kopfes: Die Länge des Nasenrückens verhält sich zur Länge des Oberkopfes wie 1:2 (gemessen von der Nasenkuppe bis zum inneren Augenwinkel bzw. vom inneren Augenwinkel bis zum Hinterhauptbein).

VERHALTEN UND CHARAKTER: Der Boxer soll nervenstark, selbstbewußt, ruhig und ausgeglichen sein. Sein Wesen ist von allergrößter Wichtigkeit und bedarf sorgsamster Pflege. Seine Anhänglichkeit und Treue gegenüber seinem Herrn und dem ganzen Haus, seine Wachsamkeit und sein unerschrockener Mut als Verteidiger sind von Alters her berühmt. Er ist harmlos in der Familie, aber mißtrauisch gegenüber Fremden, heiter und freundlich beim Spiel, aber furchtlos im Ernst. Er ist leicht auszubilden vermögens seiner Bereitschaft zur Unterordnung, seines Schneides und Mutes, seiner natürlichen Schärfe und seiner Riechfähigkeit. Bei seiner Anspruchslosigkeit und Reinlichkeit ist er gleich angenehm und wertvoll in der Familie wie Schutz-, Begleit- oder Diensthund. Sein Charakter ist bieder, ohne Falschheit und Hinterlist, auch im höheren Alter.

KOPF: Er verleiht dem Boxer das Gepräge, muß in gutem Ebenmaß zum Körper sein und darf weder zu leicht noch zu schwer erscheinen. Der Fang soll möglichst breit und mächtig sein. Die Schönheit des Kopfes beruht auf dem harmonischen Größenverhältnis zwischen Fang und Oberkopf. Von welcher Richtung der Kopf auch betrachtet werden möge, von vorn, von oben oder von der Seite, immer muß der Fang im richtigen Verhältnis zum Oberkopf stehen, d.h. niemals zu klein erscheinen. Er soll trocken sein, also keine Falten zeigen. Naturgemäß bilden sich jedoch Falten auf dem Oberkopf beim Stellen der Ohren oder, wenn das Ohr nicht kupiert ist, bei erhöhter Aufmerksamkeit. Von der Nasenwurzel zu beiden Seiten abwärts verlaufend sind Falten stets angedeutet. Die dunkle Maske beschränkt sich auf den Fang und muß sich von der Farbe des Kopfes deutlich abheben, damit das Gesicht nicht finster wirkt.

HALS: Die obere Linie verläuft in einem eleganten Bogen vom deutlich markierten Genickansatz zum Widerrist. Er soll von reichlicher Länge sein, rund, kräftig, muskulös und trocken.

VORHAND: *Die Vorderläufe* müssen von vorn gesehen gerade sein, parallel zueinander stehen und starke Knochen haben. *Schulter:* Lang und schräg, straff mit dem Rumpf verbunden, sie sollten nicht zu stark bemuskelt sein. *Oberarm:* Lang und zum Schulterblatt in einem rechten Winkel liegend. *Ellenbogen:* Weder zu stark an die Brustwand angedrückt noch abstehend. *Unterarm:* Senkrecht, lang und trocken bemuskelt. *Vorderfußwurzelgelenk:* Kräftig, gut markiert, doch nicht aufgetrieben. *Vordermittelfuß:* Kurz, fast senkrecht zum Boden stehend. *Pfoten:* Klein, rund, geschlossen, dick gepolsterte Ballen mit harten Sohlen.

GEBÄUDE: Quadratisch. Der Rumpf ruht auf stämmigen, geraden Läufen. *Widerrist:* Soll markiert werden. *Rücken:* Soll, einschließlich der Lendenpartie, kurz, fest, gerade, breit und stark bemuskelt sein. *Kruppe:* Leicht geneigt, flach gewölbt und breit. Das Becken soll lang und besonders bei Hündinnen breit sein. *Brustkorb:* Tief, bis zu den Ellenbogen reichend. Die Brusttiefe beträgt die Hälfte der Widerristhöhe. Gut ausgebildete Vorbrust. Die Rippen gut gewölbt, aber nicht tonnenförmig gerundet, weit nach hinten reichend. *Untere Linie:* Verläuft in einem eleganten Schwung nach hinten. Kurze, straffe Flanken, leicht aufgezogen.

HINTERHAND: Sehr stark bemuskelt, die Muskulatur brettbart und sehr plastisch hervortretend. die Hinterläufe sollten von hinten gesehen gerade sein. *Oberschenkel:* Lang und breit. Hüft- und Kniegelenkswinkel möglichst stumpf. *Knie:* Soll in der Grundstellung so weit nach vorn reichen, daß es eine vom Hüfthöcker zum Boden gezogene Senkrechte noch berührt. *Unterschenkel:* Sehr muskulös. *Sprunggelenk:* Kräftig, gut markiert, doch nicht aufgerissen. Der Winkel beträgt ca. 140 Grad. *Hintermittelfuß:* Kurz, mit einer geringen Neigung von 95-100 Grad zum Boden. *Pfoten:* Etwas länger als die vorderen, geschlossen. Dick gepolsterte Ballen mit harten Sohlen.

RUTE: Der Ansatz eher hoch als tief, kurz kupiert und aufwärts getragen.

GANGWERK/BEWEGUNG: Lebhaft und voll Kraft und Adel.

HAUT: Trocken, elastisch, ohne Falten.

HAARKLEID: Kurz, hart, glänzend und anliegend.

FARBE: Gelb oder gestromt. Gelb kommt in verschiedenen Tönen vor, von hellgelb bis dunkelhirschrot, jedoch sind die in der Mitte liegenden die schönsten (= rotgelb). Schwarze Maske. Die gestromte Varietät hat auf gelbem Grund in den obigen Abstufungen dunkle oder schwarze, in Richtung der Rippen verlaufende Streifen. Grundfarbe und Streifen müssen sich deutlich voneinander abheben. Weiße Abzeichen sind nicht grundsätzlich zu verwerfen, sie können sogar recht ansprechend sein.

GRÖSSE: Gemessen vom Widerrist, vorbei am Ellenbogen, bis zum Boden. Rüden: 57-63 cm. Hündinnen: 53-59 cm.

GEWICHT: Rüden: 30 kg (bei etwa 60 cm Widerristhöhe). Hündinnen: Ungefähr 25 kg (bei etwa 56 cm Widerristhöhe).

Über den Autor

Andrew H. Brace gehört zu den führenden englischen Allrounder-Richtern, vom Kennel Club für fünfzig Rassen als Championatsrichter zugelassen.

Andrew ist ein profilierter Schriftsteller in allen Hundefragen, er war Editor und Publisher von *Dogs Monthly*, einem wichtigen Spezialmagazin mit einer Leserschaft in mehr als vierzig verschiedenen Ländern. Er ist Gründer, Editor und Herausgeber von *Boxer Quarterly*. Dieses Magazin gilt als Meilenstein der englischen Rassepublikation, fand auch international bei vielen Boxer-Liebhabern große Zustimmung. Über viele Jahre hat Andrew in dem großen englischen Hundemagazin *Dog World* eine wöchentliche Kolumne geschrieben, weitere Beiträge an *Dog News* in den USA, *Ozdog* in Australien und seit kurzem für *Dogs* in Kanada.

Als Züchter und Aussteller ist Andrew H. Brace ganz besonders durch seine Beagles bekannt. Der berühmteste Beagle - Spitzensieger aller Zeiten - war Ch. Doo Darn Hot For Tragband.

> Dieses Buch ist dem Andenken an meinen Boxer Bruce gewidmet, meinen allerersten Rassehund. Obgleich Bruce nie einen Ausstellungsring von innen sah, weckte er in mir Faszination und Leidenschaft für die Welt der Rassehunde, der Hundezucht, die mich nie mehr los ließen. Mein bester Freund in jenen schwierigen Teeanger-Jahren, Bruce, starb jung durch einen tragischen Unfall. In meinem Herzen wird er immer einen ganz besonderen Platz behalten!
>
> A.H.B.

Foto visavis: Diane Pearce

Kapitel 1
RASSEGESCHICHTE

DIE LEGENDE VOM BOXER Der moderne Boxer stammt in seinen ersten Anfängen aus einer Verbindung Deutscher Saupacker - Bullenbeißern und Hatzhunden - mit dem alten English Bulldog. Über seine Herkunft gibt es aber eine viel charmantere Geschichte in Form einer Legende, die in Deutschland seit Generationen unter den Landwirten weitererzählt wurde. Auch Friederun Stockmann hat sie in einem ihrer Bücher aufgenommen. Sie berichtet folgendes:
»Am Anfang stand die Schöpfung. Und am sechsten Tag, als Erde und Himmel geschaffen waren, schuf Gott die Tiere, um sie in jeder möglichen Art und für alle möglichen Zwecke zu bevölkern. Am siebten Tag schuf Gott den Menschen als den Herrn über die ganze Welt und über die Tiere. Aber der Mensch sollte unter all diesen Tieren nicht einsam sein, so schuf Gott ein Tier als des Menschen besten Freund - den Hund. Und er schuf Hunde in vielen verschiedenen Formen, so daß jedermann sich seinen Lieblingsgefährten selbst auswählen konnte - große und kleine, kurze und lange, braune, schwarze, weiße, gescheckte, gestreifte, zotthaarige und glatthaarige. Und Gott sah, daß sie gut waren. Es gefiel Gott so gut, daß er beschloß: ›Ich möchte noch einen Hund schaffen, der das Allerbeste ist, einen besser als all die anderen Hunde. Er soll alle Schönheit, Kraft, Schnelligkeit und Mut besitzen, vereint mit subtiler Loyalität, Adel, Wachsamkeit und Freundlichkeit.‹
So nahm der Herr weichen Ton, formte daraus den idealen Hund in der Gestalt eines Boxers. Insbesondere gab er ihm eine schöne, lange, empfindliche und elegante Nase, wirklich das Schönste, was es an Nasen gab. Als Gott die Form zum Härten wegstellte, war er sehr zufrieden und sagte: ›Wahrhaftig, dies ist der perfekte Hund!‹
Abgesehen davon, daß dieser Boxer noch nicht gefestigt und gebrannt war, war er doch in allen anderen Teilen vollendet, er hörte, was Gott über ihn sagte. Dies erfüllte ihn mit großem Stolz.
Als er deshalb von dannen zog, sagte er zu den anderen Hunden: ›Ich bin der perfekte Hund, ich weiß es, ich hörte Gott dies sagen. Schaut mich an, ihr müßt alle zugeben, daß ich ein viel besserer Hund bin als ihr.‹ Die kleinen Hunde stimmten sofort zu; die mittelgroßen Hunde waren nicht so ganz sicher, waren aber auch nicht bereit, sich mit ihm in dieser Frage zu streiten; aber die großen Hunde, sie waren entschieden verletzt, beleidigt - waren sie denn nicht alle größer und kräftiger als dieser Boxer?
Darüber sprachen sie viel, hänselten den Boxer seiner Größe wegen, bis sich der Boxer voller Wut auf den größten Hund stürzte.
Aber oh weh! Er hatte völlig vergessen, daß er noch immer weich war, seine wunderschöne Nase, ja die symmetrische Vollendung aller Nasen, wurde plattgedrückt, sein elegantes Gesicht war voller Falten, und als er das sah, wurde er sehr traurig.
Gott, der dies alles mit angesehen hatte, lächelte und sagte: ›Da Du mein Liebling bist, sollst Du nur die Strafe bekommen, die Du Dir selbst zugefügt hast. Für alle Zeiten mußt Du Dein Gesicht so tragen, wie Du es Dir heute selbst geschaffen hast.‹
Dies ist wahr, kein Zweifel erlaubt, denn bis zum heutigen Tage begegnet der Boxer allen kleinen Hunden mit großer Höflichkeit, wird nie einen verletzen. Aber den großen Hunden, ihnen hat er nicht vergeben! Und wenn sie ihn wieder provo-

RASSEGESCHICHTE

zieren, wird er sich immer noch voller Wut auf sie stürzen.«

Wer je sein Leben mit einem Boxer geteilt hat, wird genau verstehen, daß er der Lieblingshund Gottes war. Die bezaubernden Eigenschaften der Rasse, wie sie sich in dieser Folkloregeschichte spiegeln, dauern bis zum heutigen Tage an.

RASSENAMEN Läßt man die Legende außer Acht, gibt es eine Reihe von Theorien, wie die Rasse ihren heutigen Namen fand. Einige behaupten, daß bereits der mittelgroße Bullenbeißer auch als »Boxl« bekannt war, dieser Name sei dann nur noch in »Boxer« weiterentwickelt worden. Eine weniger glaubhafte Erklärung lautet, daß aufgrund seiner Veranlagung der Boxer im Spiel auch mit seinen Läufen kämpft, sich dabei auch auf die Hinterläufe erhebt, das habe ihm das Image eines »Faustkämpfers« eingebracht. Obwohl das englische Wort »boxer« ständig in der deutschen Sprache gebraucht wird, erscheint es recht unwahrscheinlich, daß solch eine stolze Nation einer ihrer größten Schöpfungen solch einen offensichtlich anglisierten Namen gegeben haben sollte!

DIE ERSTEN BOXER Ende des neunzehnten Jahrhunderts züchtete ein Einwohner Münchens namens Georg Alt eine Hündin, er nannte sie *Alt's Schecken*. Zuvor hatte Alt Flora, eine gestromte Hündin mittleren Bullbeißer-Typs, die er aus Frankreich importiert hatte, mit einem Münchener Hund unbekannter Abstammung gepaart, dieser Hund war einfach als »Boxer« bekannt. Hieraus entstand ein falbfarbener Rüde mit weißen Abzeichen. Dieser erhielt einfach den Namen seines Besitzers und wurde bekannt als »Lechner's Boxer«. Er wurde wieder mit seiner eigenen Mutter Flora gepaart, und einer der Nachkommen hieraus war *Schecken*.

Später paarte man Schecken mit einem Englischen Bulldog namens Tom, hieraus entstand der historisch wichtige Rüde *Mühlbauer's Flocki*, er hat einen festen Platz in der Boxer-Geschichte, war der allererste Boxer im deutschen Zuchtbuch. Diese Ehre wurde ihm zuteil, weil er in München eine Bernhardiner-Ausstellung gewonnen hatte - die erste Ausstellung überhaupt, in der es auch eine Ausstellungsklasse für Boxer gab. Flocki war zwar Nummer eins im Zuchtbuch, seine Schwester Ch. Blanka von Angertor, eine weiße Hündin, sollte aber für die Zucht einen bei weitem größeren Einfluß haben. Gepaart mit Piccolo von Angertor (einem Enkel von Lechner's Boxer, Blanka's Großvater) brachte Blanka eine herausragende, sehr dominante Hündin namens *Meta von der Passage*, sie wurde am 02.11.1889 geboren und gilt noch bis zum heutigen Tage als die Stammutter der Rasse. Frühe Fotos von Meta zeigen sie mit einem ziemlich langen und weichen Rücken, nicht gerade fester Front und einem *Downface*. Aber durch ihre Nachzuchten wurde sie zum Meilenstein für die Zukunft der Rasse, mit der sie selbst aber heute nur noch wenig Ähnlichkeit hat.

DER ERSTE BOXER CLUB Im Jahre 1896 wurde der »Deutsche Boxer Club« in München gegründet, am 29. März 1896 veranstaltete er seine erste Ausstellung. Dem Richter, Elard König, stellten sich zwanzig Hunde. Die Berichte besagen, daß einige dieser Hunde von weißer Farbe waren, rein weiß oder weiß mit gestromten oder falben Abzeichen, andere wiederum waren schwarz. Es ist interessant festzustellen, daß viele der ersten Boxer weiß waren, eine Farbe, die vom Rassestandard später verboten wurde - man fürchtete die Taubheit, die zuweilen mit der weißen Farbe verbunden ist. Dennoch - auch in heutigen Würfen kommen immer wieder weiße Welpen vor.

In den USA wird der Boxer immer noch kupiert, in den meisten Ländern - einschließlich Ursprungsland Deutschland - besteht striktes Kupierverbot.

Foto: Teoh Eng Hong.

Viele der ersten Boxer waren weiß oder weiß mit falben oder gestromten Abzeichen. Heute sind nur noch farbige Boxer mit weißen Abzeichen zulässig, im Ausstellungsring findet man keine weißen Boxer mehr.

RASSEGESCHICHTE

Nach den alten Legenden wurde der Boxer von Gott als Liebling erwählt! Keinerlei Zweifel besteht, daß das eindrucksvolle Äußere und der charmante Charakter dem Boxer weltweite Popularität gebracht hat.
  Diane Pearce.

DEUTSCHER BOXER

Nach der ersten Ausstellung machte sich der Club daran, den Boxer Standard aufzustellen. Nach den Unterlagen dauerte dies sechs Jahre, der Rassestandard für den Boxer wurde dann im Januar 1902 angenommen.

PIONIERE DER RASSE Nur zehn Jahre später, im Jahre 1909, studierte eine junge deutsche Frau in München Kunst und Bildhauerei, begegnete einem jungen Mann, einem ausgeprägten Boxer-Liebhaber. Diese Dame namens Friederun begeisterte sich erstmals für die Boxer-Rasse, als sie in einem Hundebuch, das ihr der Bruder zu Weihnachten schenkte, ein Foto des Boxers sah. Von diesem Tage an wollte sie selbst gerne einen Boxer haben. Nachdem sie entdeckte, daß Philip Stockmann einen solchen Hund besaß, pflegte sie diese Freundschaft und bald heirateten beide. Der Rüde Pluto von Herrn Stockmann wurde bald der ergebene Gefährte seiner Braut, weckte in ihr den Wunsch, viel mehr über die Rasse zu lernen.

Der Beitrag von Friederun Stockmann zur Rasse Boxer kann überhaupt nicht hoch genug eingeschätzt werden. In den darauffolgenden Jahren baute sie mit ihrem Mann gemeinsam den legendären Zwinger vom Dom auf, aus diesem Zwinger stammen die berühmtesten und wichtigsten Hunde in der Rassegeschichte. In ihrem Buch *Ein Leben mit Boxern* erzählt sie die faszinierende Geschichte ihres Lebens, berichtet über all die Mühen und Schwierigkeiten, denen sie gegenüberstand - und die vielen Augenblicke der Freude - insbesondere den Kampf um ihren Zwinger durch die Jahre des Ersten Weltkriegs. Heute ist dieses Buch ein Sammlerstück, Boxer-Besitzer, die eine Originalausgabe besitzen, sind stolz auf ihren Besitz. Es ist eines der bewegendsten Hundebücher, das ich je gelesen habe, die Illustrationen von Frau Stockmann sind eine Kostbarkeit.

Friederun Stockmann war auch eine begnadete Bildhauerin, insbesondere ihre Holzschnitzereien sind von Kennern hochgeschätzt. Wenn man sich an die berühmte Boxer-Legende erinnert, scheint es irgendwie wie ein vom Schicksal vorgegebener Weg, daß eine solche talentierte Künstlerin sich des perfekten Hundes unseres Herrn angenommen hat, zum Pionier der Rasse wurde und sie nachhaltig förderte.

In den späteren Jahren haben deutsche, holländische, englische und amerikanische Züchter die Rasse auf etwas unterschiedlichen Linien fortgeführt, die Tatsache ist aber überhaupt nicht zu bestreiten, daß sie alle Frau Stockmann und ihren Hunden vom Dom viel zu verdanken haben. Der Einfluß ihrer Schlüsselhunde wie Sigurd vom Dom, dessen Sohn Zorn vom Dom, seiner Enkel Utz und Lustig vom Dom erwiesen sich auf beiden Seiten des Atlantiks als außerordentlich groß.

TYPENUNTERSCHIEDE Zu den schwerwiegendsten Problemen in jüngerer Zeit gehörten innerhalb der Rasse gewisse Unterschiede im Typ. Allgemein gesprochen sind die europäischen Hunde von untersetzterem Typ, großes Gewicht wird auf Kopf und Fang gelegt, vielleicht mißt man der Vorhand größere Bedeutung bei als der Hinterhand. Die Amerikaner dagegen favorisieren einen höheren, schlankeren Boxer, mit eleganterem Kopf und etwas verlängertem Fang. Inzwischen haben die englischen Züchter aufgrund einer Vielzahl von Importen sowohl aus den USA wie Europa mehr einen in der Mitte angesiedelten Boxer-Typ entwickelt, der bei Richtern von beiden Kontinenten einigen Anklang fand.

Kapitel 2
KAUF EINES WELPEN

Die Tatsache, daß Du dieses Buch gekauft hast, legt die Vermutung nahe, daß Du Dich für einen Boxer entschieden hast. Aber ist es die richtige Rasse für Dich? Nur sehr verantwortungslose Züchter versuchen es, Welpen an möglicherweise weniger geeignete Besitzer zu verkaufen. Du mußt davon ausgehen, daß Du von dem Züchter befragt - ja vielleicht sogar ausgefragt - wirst, ob Du wirklich der geeignete Boxer-Besitzer bist. Ehe Du Dir deshalb Deinen Traumhund ins Haus holst, solltest Du absolut sicher sein, daß der Boxer die richtige Rasse für Dich ist.

RASSEMERKMALE Als erstes - ein Boxer hat schon eine gute Körpergröße. Er gehört zu den mittleren bis großen Hunderassen, wiegt je nach Geschlecht etwa 25-30 Kilo, Schulterhöhe 53-63 cm. Auch wenn der Rassestandard im Boxer nur einen mittelgroßen Hund sieht, hat er doch beachtliche Substanz und Kraft.

Die Tatsache des kurzen Kiefers und seiner starken Lefzenbildung bringt es mit sich, daß das lächelnde Gesicht des Boxers immer auch eine gewisse Speichelbildung verbirgt - »Sabber« für die Eingeweihten. Legst Du besonderen Wert auf eine gepflegte Wohnung, solltest Du zweimal nachdenken, ehe Du einen Boxer kaufst. Boxer sind in ihren Gewohnheiten recht sauber, gut zu pflegen, sie denken sich aber nichts dabei, sich einmal tüchtig zu schütteln und leichte Speichelfäden durch die Wohnung fliegen zu lassen. Du solltest Dir wirklich der Tatsache bewußt sein, daß etwas »Sabber« auch auf den mitternachtsblauen Samtvorhängen landen könnte!

Ein weiterer Gesichtspunkt für die Boxer-Interessenten ist in England heute die Tatsache, daß die Grundkonzeption des Boxers von einem kurzen Stummelschwanz ausgeht, der ununterbrochen wedelt. In England gibt es eine neue Gesetzgebung, dadurch werden immer weniger Boxer-Welpen kupiert. Deshalb solltest Du Dir eventuell auch einen Boxer mit langer, peitschender Rute vorstellen, der möglicherweise mit einem Wedeln das Kaffeegeschirr auf den Boden befördert. Möchtest Du den »traditionell aussehenden Boxer« ist es wichtig, Dir einen Züchter zu suchen, der die Ruten der Welpen kupieren läßt. Auch im übrigen Europa gibt es Gesetzesinitiativen, die das Kupieren der Ruten völlig abschaffen möchten.

CHARAKTER Der Boxer-Charakter ist absolut einmalig! Diese Hunde haben viele clownartige Eigenschaften, einige sind sogar mit einem deutlichen Sinn für Humor und Spaß gesegnet. Trotzdem sollte man sich vor Augen halten, daß der Boxer von Hause aus ein Arbeitshund, ja ein Schutzhund ist. Aufgrund seiner Abstammung wurzelt im Boxer ein ausgeprägter Instinkt zum Schützen von Haus und Familie, dies darf ihn aber in keiner Weise provokativ oder raufslustig werden lassen.

Boxer haben eine hohe Intelligenz, ein Gehirn, das Beschäftigung braucht. Boxer gedeihen nur in Gesellschaft - menschlicher oder hundlicher - kein Boxer kann gedeihen, wenn er gezwungen ist, längere Zeitabschnitte isoliert und allein zu sein. In Abwesenheit geeigneter geistiger Anregungen wird er sich selbst unterhalten. Dies könnte durchaus bedeuten, daß er mit dem Herunterziehen der Vorhänge beginnt, dann Deine dreiteilige Polstergarnitur völlig umarbeitet! Erinnere Dich des Sprichworts über den Teufel und müßige Hände - in diesem Fall über müßige Pfoten und Zähne.

LINKS: Boxer gedeihen nur in menschlicher wie hundlicher Gesellschaft.

UNTEN: Von Anfang an solltest Du Dir darüber klar sein, ob Du einen Boxer für Ausstellungen oder nur für Haus und Familie haben möchtest.

SEITE VISAVIS: Auch ein älterer Hund ist ein wunderbarer Gesellschafter, die Ideallösung für alle, die aus irgendeinem Grund mit einem Welpen nicht zurechtkommen.

DEUTSCHER BOXER

Bei allen Hunden - Rassehunden wie Mischlingen - wäre es unsinnig, sich einen Welpen ins Haus zu holen, wenn nicht jemand praktisch den ganzen Tag über zu Hause ist. Kein verantwortungsbewußter Züchter würde einen seiner mit so viel Liebe aufgezogenen Welpen in einen Haushalt geben, wo die zwei Partner den ganzen Tag über zur Arbeit außer Haus sind.

Boxer sind großartige Familienhunde, kommen mit Kindern sehr gut zurecht, vorausgesetzt, man hat die Kinder so erzogen, daß sie Tiere respektieren, sie in keiner Weise quälen. Gemeinsames Aufziehen von Kind und Welpen ist für beide von gleichem Nutzen. Nach meiner Meinung sollte ein Hund zwingend Bestandteil jeder Kindheit sein, wahrscheinlich bin ich hier aber etwas voreingenommen.

AUSLAUF Boxer sind - wie der Name schon besagt - muskulöse Tiere. Um sie in Kondition zu halten, brauchen sie viel Auslauf und Bewegung. Dabei profitieren sie gleichermaßen von einem flotten Spaziergang angeleint wie freiem Galopp. Zwar braucht man keinen riesigen Garten, aber etwas Platz wäre schon gut. Natürlich gibt es immer Ausnahmen von einer Regel, einer der fittesten Boxer, die ich kenne, lebt in einem kleinen Haus in der Innenstadt von London. Dieser Hund gehört jedoch zwei der fittesten Menschen, die ich kenne, ihr Hund bekommt zumindest viermal am Tag Auslauf in den Parks.

Standort, Größe und Ausstattung Deines Zuhauses ist für richtige Boxerhaltung schon wichtig. Du solltest dafür sorgen, daß Haus und Garten absolut sicher sind, Du selbst mußt Dir darüber im klaren sein, Deinen Boxer regelmäßig zu bewegen, bei Regen wie Sonnenschein. Wichtig ist, daß Dein Hund über den größten Teil des Tages Gesellschaft braucht. Sind diese Voraussetzungen gegeben, werden Du und Dein Boxer zu idealen Partner werden.

ERZIEHUNGSAUFGABEN Welpen erziehen sich nicht von alleine. Wenn Du ein verantwortungsbewußter Boxer-Besitzer werden möchtest, mußt Du bereit sein, Dich selbst und Deinen Hund in den Grunddisziplinen zu unterrichten. Ein Boxer muß lernen, auf Ruf zu kommen, auf Kommando zu sitzen, auf Befehl in sein Körbchen zu gehen. Boxer-Besitzer, die in den ersten Monaten des Welpenlebens diese wichtigen Disziplinen vernachlässigen, werden sich bald mit einem ziemlich unruhigen Halbstarken in ihrer Wohnung finden, der seinen recht ausgeprägten eigenen Willen zeigt. Traurigerweise enden manche solcher Fälle darin, daß der Hund abgegeben wird, oft im Tierheim landet. Die einzige Schuld des Tieres liegt darin, daß sein Besitzer zu faul war, ihm rechtzeitig gute Manieren beizubringen.

KAUF EINES ÄLTEREN HUNDES Die meisten Hundekäufer denken, der einzige Weg zum Hundebesitz gehe über den Kauf eines Welpen im Alter von acht bis neun Wochen. Vor ihren Augen steht das geistige Bild eines Welpen wie auf der Pralinenschachtel, der an ihrer Seite heranwächst, sich zu der Persönlichkeit entwickelt, die sie erwarten. Zu diesem Idealbild gehört aber auch die Verantwortung der richtigen Aufzucht, Ernährung und Erziehung. Für manche Menschen - besonders für jene, die nicht in der ersten Blütezeit ihrer Jugend stehen - könnte es eine bessere Lösung sein, sich einen älteren Hund ins Haus zu holen.

Fast immer gibt es in Tierheimen Boxer, die ohne eigenes Verschulden dorthin kamen; viele von diesen Hunden werden wunderbare Familienhunde. Es scheint fast, als wären sie für diese zweite Chance so dankbar, daß sie alles tun, um ihren neuen Besitzern zu gefallen.

KAUF EINES WELPEN

Es gibt auch Züchter, die Hunde, die sie aus der Zucht nehmen, an Familien »in den Ruhestand abgeben«. Viele Züchter glauben, daß es für einen Hund, der ihnen wertvolle Arbeit geleistet hat, besser wäre, seine Tage im Luxus eines verwöhnten Familienhundes zu beschließen, anstatt irgendwo im Zwinger herumzusitzen. Derartige Hunde werden zuweilen schon mit vier Jahren abgegeben, ein Jahrzehnt weiteres Leben liegt dann noch vor ihnen. Wenn Du also nicht unbedingt auf einem Welpen bestehen möchtest, warum solltest Du Dir einen solchen Hund nicht einmal ansehen?

RÜDE ODER HÜNDIN? Hast Du Dich für einen Boxer entschieden, lautet die zweite Frage Rüde oder Hündin. Dabei sollte man das Pro und Contra genau abwägen.

Rüden werden nicht heiß, ihre Hormone sind deshalb nicht weniger aktiv, ein eigenwilliger Rüde mit Sex im Kopf kann manchmal einige Verlegenheit auslösen, wenn er seine Wünsche zufälligerweise auf dem Knie des Vikars oder auf Deinen umherliegenden Kissen zu erfüllen versucht. Etwas ernsthafter - in einer Familie mit sehr kleinen Kindern könnte - wenn auch ohne Absicht - ein übererregter Boxer-Rüde leicht Schaden anrichten. Kastrieren des Rüden könnte die Lösung sein, aber kastrierte Rüden werden gerne übergewichtig, es kommt auch zu geringfügigen Wesensveränderungen.

Hündinnen werden zweimal jährlich heiß, das führt schon zu leichten Verunreinigungen im Haus, streunende Hunde werden ihnen unerwünscht den Hof machen, trotzdem sind Hündinnen meist viel liebevoller und anhänglicher als die etwas unabhängigeren Rüden. Komm um Himmels willen nicht auf die Idee, eine Hündin zu kaufen, nur weil Du die falsche Vorstellung hast, sie könnte über eigene Welpen »für sich selbst bezahlen«. Vergiß es sofort! Hundezucht ist eine Angelegenheit für die Liebhaber, für die Könner und die Verantwortungsbewußten.

Wenn Du für Deinen Welpen eine nicht kleine Geldsumme bezahlt hast, könnte Dir Deine geistige Arithmetik ins Ohr flüstern, daß die Hündin nicht nur süß ist, vielmehr könnte sie sich auch finanziell rentieren, etwa mit einem Wurf von sechs Welpen. Vorsicht - wenn Du wirklich richtig züchtest, verdienst Du kein Geld, glaube es mir! Ich müßte noch meinen ersten Wurf züchten, bei dem ich schwarze Zahlen schriebe - ich habe eine ganze Reihe von Würfen gezüchtet, stets war das Gegenteil der Fall. Wenn Du aber wirklich Hundezucht als Hobby siehst, bereit bist, alles Notwendige zu tun, ist dies etwas völlig anderes. Aber Hundezucht als zusätzliches Haushaltsgeld - dies ist eine Illusion, die Du sofort aufgeben solltest.

Um die Unbequemlichkeiten einer heißen Hündin zu vermeiden, gibt es verschiedene Methoden. Man kann die Hündin kastrieren lassen, hier tritt wieder dasselbe wie bei Rüden auf, der Hund kann übergewichtig werden, wenn die Nahrung nicht genau geplant wird.

FARBEN Jeder Boxer-Besitzer in Vergangenheit, Gegenwart oder Zukunft hat seine Lieblingsfarbe. Einige Besitzer wählen immer gelbe Hunde, andere sind ebenso begeistert von den gestromten. Dann gibt es natürlich - einige wenige weiße. Allgemein gesprochen werden weiße Boxer meistens bei der Geburt eingeschläfert, es gibt immer noch die Vorstellung, sie könnten einen Gehörschaden haben. In vielen Ländern finden die Menschen weiße Boxer attraktiv, wenn ein solcher Hund farbige Flecken aufweist, kein Albino ist, besteht die große Wahrscheinlichkeit, daß sein Hörvermögen in keiner Weise gestört ist. Gelegentlich ziehen Züchter auch ei-

Boxer-Rüden sind manchmal etwas schwieriger zu halten als Hündinnen, allerdings spart man sich bei Rüden das Problem mit der zweimal jährlichen Hitze der Hündin.

OBEN: Immer sollte man seinem Hund eine feste, haltbare Plastikschale, die er nicht ankauen kann, als Lager kaufen.

UNTEN: Schüsseln aus rostfreiem Stahl sind auf viele Jahre eine gute Investition, leicht zu reinigen.

Fotos: Steve Nash.

DEUTSCHER BOXER

nen weißen Welpen mit Flecken auf, wenn sie einen Kaufinteressenten haben. Solche Welpen werden aber in aller Regel ohne Papiere verkauft, unter der strikten Vereinbarung, daß mit ihnen nicht gezüchtet wird. Die gelbe Farbe variiert von fahlgelb bis leuchtendgelb zu einem hirschrot. Das gestromte Farbmuster besteht aus gelber Grundfarbe mit schwarzen Streifen, die sich über die gesamte Farbe erstrecken. Diese Streifen sollten in genauer Regelmäßigkeit zur Grundfarbe stehen, einen Tigerstreifeneffekt bewirken. In Wirklichkeit sieht man gerade in England viele Boxer auf Spitzenplätzen, deren Stromung so intensiv ist, daß sie auf den ersten Blick fast wie ein schwarzer Hund wirken. Noch etwas zu den Farben. Der Rassestandard legt fest, daß auf bis zu einem Drittel des Körpers weiße Abzeichen vorhanden sein dürfen, es gibt aber viele Länder, in denen die Mode dazu führte, daß besonders auffällig markierte Boxer im Ausstellungsring bevorzugt werden. Darunter versteht man Hunde mit einem weißen »trim«, gewöhnlich weiße Blesse, weiße Flecken auf dem Fang, weiße Halskrause, weiß geschürzte Front, vier weiße Socken. Zuviel Weiß wird nach dem Rassestandard aber als fehlerhaft angesehen. In England halten nur wenige Aussteller einfarbige Boxer, also Hunde ohne jedes weiße Abzeichen, weil sie den Eindruck haben, daß sie bei der Mehrheit der Richter dann benachteiligt sind. Solche einfarbigen Hunde gewinnen aber unverändert in Deutschland wie in ganz Zentraleuropa.

Übertriebene Gewichtung von Farbfragen wäre falsch, anatomische Vorzüge sollten beim Boxer immer viel gewichtiger als kosmetische Betrachtungen sein. Wichtig ist zu wissen, daß einfarbige Hündinnen viel weniger wahrscheinlich weiße Welpen bringen als ihre Geschwister mit attraktiven weißen Abzeichen. Als Konsequenz fehlerhafter Gewichtung im englischen Ausstellungsring werten englische Züchter leicht einfarbige Welpen als »Familienhunde« ab, selbst wenn sie anatomisch gesehen gegenüber ihren leuchtender markierten Wurfgeschwistern viel bessere Boxer sind. Möglicherweise werden Liebhaber-Haltern aus einem Wurf deshalb nur einfarbige Welpen angeboten. Erfahrene Boxer-Züchter werden sich aber sehr gut an die Zeit erinnern, da sie einen Boxer mit schwarzer Maske und ganz wenig weißen Abzeichen besaßen, ehe die *flashy* so populär wurden. Glücklicherweise ist das kontinentale Ausstellungsgeschehen von solchen Fehlinterpretationen weitgehend frei.

DER RICHTIGE ZÜCHTER Es besteht Anlaß zu der Hoffnung, daß Du und Dein neuer Boxer so über zehn Jahre ein gemeinsames Leben führen werdet. Ihr werdet dicke Freunde, Vertraute, Dein Boxer wird in jeder Art zu einem ganz wichtigen Familienmitglied. Es ist deshalb mehr als vernünftig, sich genügend Zeit zu lassen, um den bestmöglichen Welpen zu kaufen. Hierbei lassen sich manche künftigen Probleme durch vernünftige Planung ausschalten.

Als erstes muß man einen verantwortungsbewußten Züchter finden. Am besten nimmt man mit einem der nationalen Boxer Clubs Kontakt auf, oft gibt es auch Ortsgruppen im unmittelbaren Standortbereich. Am besten ruft man die Welpenvermittlung an, bittet um Adressen, sollte auch ankündigen, daß man Interesse an einer Mitgliedschaft hat. Nie soll man beim Boxer-Kauf etwas überstürzen. Am besten besucht man in der näheren Umgebung Veranstaltungen des Boxer Clubs. Dabei bestehen viele Möglichkeiten, mit Züchtern zusammenzukommen. Besuche einige Ausstellungen, sprich mit so vielen Züchtern wie möglich, konzentriere Dich dann auf die Zwinger, welche die Art Boxer zeigen, die Du so besonders liebst. Hast Du Deinen Typ gefunden, solltest Du Dich mit dem dazugehörigen Züchter in

KAUF EINES WELPEN

Verbindung setzen. Ist das Ausstellen beendet - nicht davor oder während der Ausstellung - solltest Du mit dem Züchter sprechen, ihm genau sagen, wonach Du Ausschau hältst, Dir seine Antwort gut anhören. Hüte Dich vor Züchtern, die sofort, ohne sich näher für die Umstände zu interessieren, Dir sagen, sie hätten den perfekten Welpen für Dich. Viel interessanter ist der Züchter, der Dir seine Visitenkarte gibt, Dir vorschlägt, Du solltest ihn anrufen und eine Verabredung treffen, um Dir seine Hunde bei ihm zu Hause anzusehen. Aber noch ehe Du zu einem solchen Besuch eingeladen wirst, könnten verantwortungsvolle Züchter Dir alle Arten von Fragen stellen, wobei Dir manche davon als eine Verletzung Deiner Privatsphäre erscheinen kann. Wenn Du aber wirklich einen solchen Welpen haben möchtest, solltest Du anerkennen, daß sich der Züchter seinerseits vergewissern möchte, einen möglichst guten Käufer für seine Welpen zu haben, der einem Junghund wirklich alle Liebe und Sicherheit des Lebens gibt. Die Fragen eines solchen Züchters solltest Du ehrlich und frei beantworten. Bist Du fair mit dem Züchter, wird auch er Dir Fairneß entgegenbringen.

AUSSTELLUNGS- ODER FAMILIENHUND? Wenn Du nur einen Welpen für Dich in der Familie haben möchtest, Dich für Ausstellungen nicht interessierst, solltest Du dies auch sagen. Behalte dies auch im Gedächtnis, wenn zwölf Monate später ein wohlmeinender, aber »selbst ernannter Hundeexperte« Dich auf einem Spaziergang mit Deinem Hund anhält und sagt: »Diesen Hund solltest Du aber ausstellen!« Es ist durchaus richtig, einige großartige Champions wurden auf diese Art entdeckt, das sind aber sehr, sehr wenige. Was die Erfahrung dieses Talententdeckers angeht, wirst Du wahrscheinlich schnell feststellen, daß diese nicht viel weiter reicht, als daß er gerade eine Rasse von der anderen zu unterscheiden vermag. Für einen Züchter gibt es nichts ärgerlicheres, als wenn er einen gesunden, typischen Welpen, der aber aufgrund einiger kleiner und unwichtiger Fehler eben ohne Ausstellungsqualität ist, an einen Liebhaber verkauft hat und plötzlich entdeckt, daß man den Käufer und Hundebesitzer überredet hat, den Hund auf Ausstellungen zu bringen. Wenn ein solcher Hund dann nicht gewinnt, der Richter vielmehr seine Fehler aufzählte, kommt es zum Streit mit dem Züchter, der eben gerade diesen Welpen schon von Anfang an mit dem Hinweis verkaufte, daß es kein Ausstellungstier sein werde.

BESUCH BEIM ZÜCHTER Mit dem Züchter solltest Du telefonisch einen Besuch vereinbaren, Dir seine Hunde ansehen. Solche Vereinbarungen sollte man genau einhalten, auch Hundezüchter sind heute vielbeschäftigte Menschen, selbst Absagen eine Stunde zuvor bedeutet, daß trotzdem andere wichtige Aufgaben versäumt wurden. Du solltest alle Fragen über die Hunde offen ansprechen, keine Angst davor haben, Dich dabei zu blamieren. Was Du nicht weißt, mußt Du fragen! Auch Dein Züchter war einmal, als er seinen ersten Welpen kaufte, ein blutiger Laie. Rechtzeitiges Fragen kann viele Stunden des Ärgers zu einem späteren Termin vermeiden.

Laß Dir sagen, wann der Züchter einen geeigneten Welpen zum Verkauf haben wird. Die meisten Züchter von gutem Ruf haben Wartelisten, Welpen kann man nicht nach Aufträgen züchten. Manchmal muß man Monate warten, das solltest Du in Kauf nehmen! Viel zu viele Welpenkäufer verlieren die Geduld, schnappen sich den erstbesten Welpen, der in der Zeitung inseriert wird - unabhängig davon woher er kommt - und bedauern dies eines Tages mit Sicherheit. Wenn man Dir sagt, daß man einen bestimmten Wurf erwartet, solltest Du Dir die Mutter der Welpen genau ansehen. Nach Möglichkeit natürlich auch den Vater, vielfach lebt dieser aber nicht

LINKS: Bei der Ankunft zu Hause fühlt sich der Welpe möglicherweise etwas verloren und verstört.

UNTEN: Der Schlafplatz muß dem Neuankömmling einen sicheren und behaglichen Hafen bieten.

LINKS: In den ersten Tagen erhält der Welpe immer nur das Futter, an das er vom Züchter gewöhnt ist. Erst muß er sich dem neuen Zuhause anpassen, danach kann man das Futter Schritt für Schritt umstellen.

UNTEN: Wenn Dein Welpe frißt, solltest Du gelegentlich ein Stück Futter vorübergehend aus der Schüssel nehmen, dies lehrt den Welpen, sein Futter nicht zu verteidigen.

im gleichen Zwinger. Die meisten Züchter reisen zur Paarung immer zu den besten Rüden, selbst wenn sie ihnen nicht gehören und größere Entfernungen überwunden werden müssen.

Wenn Du einen bestimmten Welpen kaufen möchtest, dieser bald verfügbar ist, bittet man meist um eine Anzahlung. Dies bedeutet nicht nur eine Geste guten Willens von Deiner Seite, für den häufig geplagten Züchter ist es auch ein Schutz vor all jenen, die nur einfach seine Zeit vergeuden. Zum gegebenen Zeitpunkt erhältst Du dann bestimmt den ersehnten Telefonanruf. Dem Züchter hattest Du natürlich Deine Präferenzen hinsichtlich Geschlecht und Farbe gesagt. Trotzdem ist es möglich, daß nur ein Welpe verfügbar ist, der nicht dem Geschlecht oder der Farbe entspricht, die Du haben wolltest. Sicher lädt man Dich ein, Dir die Welpen anzusehen. Darüber solltest Du genau nachdenken. Möchtest Du wirklich einen Rüden nehmen, wenn Du eine Hündin haben wolltest, einen gestromten anstelle des gelben? Wenn Du eigentlich nur ungern von Deinen Vorstellungen abweichen möchtest, solltest Du das dem Züchter ehrlich sagen, lieber auf einen späteren Wurf warten.

Gehe in einem solchen Fall nicht zum Züchter, um Dir die zum Verkauf angebotenen Welpen anzusehen. Warum? Mit Sicherheit wirst Du mit einem Welpen nach Hause kommen, glaube es mir! Du kannst dann einfach im Welpenauslauf dem Gesicht des gestromten Rüden mit der dunklen Maske nicht widerstehen, das Dich mit so sehnsüchtigen Augen, Kopf leicht seitlich geneigt, ansieht. Natürlich weißt Du, daß Du eigentlich viel lieber eine gelbe Hündin mit viel Weiß haben wolltest, aber der Gestromte wird Dich besiegen! Es ist wahr, auf solche Art kommt es häufig zur »Liebe auf den ersten Blick«, solche Partnerschaft macht auch über ein ganzes Leben viel Freude. Möglicherweise könntest Du Dich aber später rein emotional übers Ohr gehauen fühlen, weil Du einfach etwas mitnahmst, was Du Dir ursprünglich gar nicht wünschtest.

AUSWAHL DES WELPEN Bei Deiner Ankunft solltest Du höflich fragen, ob Du Dir den ganzen Wurf ansehen kannst. Unterstreiche dabei, daß Du weißt, daß sie nicht alle zum Verkauf stehen, erkläre aber, daß Du einfach die ganze Familie kennenlernen möchtest. Auf diese Art wirst Du eine gute Vorstellung gewinnen, wie die Welpen im Vergleich zueinander sind. Wenn der Züchter Dich in der Küche warten läßt, im Zwinger verschwindet und nur mit einem einzigen Welpen zurückkehrt, den er Dir auf den Schoß setzt, hast Du keine Ahnung, ob dieser Welpe etwa nur halb so groß ist wie seine Geschwister, vielleicht auch viel ängstlicher als sie. Dann solltest Du am besten wieder nach Hause fahren! In aller Regel wird der vernünftige Züchter Deinem Wunsch nur zu gerne folgen, Dir alle Welpen in ihrem Spielbereich vorstellen. Die Welpen müssen sauber, warm und behaglich untergebracht sein. Sie sollten angenehm nach Welpen riechen, gut gefüttert und rundlich sein - nicht mit aufgeblähten Bäuchen, sondern angenehm rund und kuschelig. Besonders wichtig ist, sie müssen fröhlich und aufgeschlossen wirken. Ehe Du Dich in einen der Welpen verliebst, solltest Du jetzt wirklich herausfinden, welche Welpen zum Verkauf stehen, die anderen vergessen - sofort!

Eine weitere goldene Regel - beobachtest Du einen Welpen, der furchtsam wirkt, wegzulaufen versucht, während Dir die anderen neugierig entgegenlaufen, solltest Du ihn nicht bedauern, etwa auf die Idee verfallen, Dich in ihn zu verlieben, ihn mit nach Hause zu nehmen. Aller Wahrscheinlichkeit nach hat dieser Welpe ein charakterliches Problem. Solltest Du Dich wirklich entscheiden, diesen auszuwählen, könnte Dir dies in den kommenden Jahren sehr viel Kopfzerbrechen bereiten. Du möchtest

KAUF EINES WELPEN

gerne einen rassetypischen Welpen, der sich vor nichts fürchtet, dies ist das Wesen, das man von einem Boxer erwartet, entsprechend zu formen vermag. Nervosität ist bestimmt eine Eigenschaft, die zahllose Probleme mit sich bringt.

Weißt Du erst einmal, welche Welpen zum Verkauf stehen, konzentriere Dich auf diese, bitte darum, die unverkäuflichen Welpen wegzubringen. Weitere Vergleiche würden nur Deine Entscheidung erschweren. Der vernünftige Züchter läßt Dich die Welpen gründlich ansehen, vorausgesetzt Du hast seine Bitten erfüllt, möglicherweise Hände und Kleidung zu desinfizieren. Spiele mit den Welpen und achte darauf, welcher Welpe Dich auswählt. Gibt es einen solchen Welpen, dann ist genau dies der Hund, den Du mit nach Hause nehmen solltest. Hunde haben einen wunderbaren Instinkt, stürzen sich schnell auf den Charakter, der zu ihnen paßt. Wenn Dich ein Boxer-Welpe auf diese Art auswählt, wird es für das ganze Leben sein.

Ich gehe davon aus, Du kaufst Deinen Boxer als Familienhund. Geht es Dir um Ausstellungen, gibt es eine ganze Anzahl spezieller Techniken, die zu beachten sind, für solche Käufer gibt es sehr viel detailliertere Veröffentlichungen, (Beispiel *Walt Weisse: BOXER PORTRAIT, KYNOS VERLAG*). Hier nur einige Tips! Ein Welpe sollte nicht nur munter und aufgeschlossen, rund und pummelig sein, sondern auch ein sauberes, gepflegtes Fell haben. Streichle ihn mit der Hand gegen den Strich, kontrolliere auf Flöhe, Schorf oder eventuelle Hautprobleme. Kontrolliere, ob die Ohren sauber sind, ohne Ohrenschmalz, ohne üblen Geruch. Wenn der Welpe umherrennt, sollte er sich frei bewegen, ohne Anstrengung, den Eindruck von Kraft vermitteln, mit festem, kräftigen Rücken und stolzer Kopfhaltung. Einige Liebhaber, die noch nicht sehr viele junge Boxer-Welpen gesehen haben, zeigen sich manchmal beunruhigt, wenn ihnen die Köpfe etwas zu schlank erscheinen. Ein sehr ausgeprägter Oberkopf ist einfach ein Hinweis auf einen sehr gut ausbalancierten Kopf beim Erwachsenen, mit Sicherheit nicht das Ergebnis eines Unfalls!

FORMALIEN Hast Du Dich für Deinen Welpen entschieden, sollte die Angelegenheit rechtlich formell abgeschlossen werden. Der Kaufpreis wird gegen Quittung bezahlt. Es ist immer richtig, die Einzelheiten in Form eines schriftlichen Kaufvertrages festzulegen - es erspart später rechtliche Auseinandersetzungen. Wahrscheinlich ist zum Zeitpunkt der Übergabe noch keine Ahnentafel verfügbar, im Kaufvertrag sollte aber verankert sein, daß die Ahnentafel kostenlos nachgereicht wird, der Hund eine von der FCI anerkannte Ahnentafel besitzt, der Wurf ordnungsgemäß vom zuständigen Zuchtverein abgenommen wurde.

Vom Züchter erhält man den vom Tierarzt ausgefertigten Impfpaß über die durchgeführten Schutzimpfungen. Weiterhin läßt man sich einen detaillierten Futterplan aushändigen. Die meisten Züchter übergeben zumindest für die ersten zwei bis drei Tage einen Futtervorrat. Damit vermeidet man am Anfang Veränderungen in der Ernährung, die zu Magenverstimmungen führen könnten.

ABHOLUNG DES WELPEN Du solltest Dir einen kräftigen alten Karton mitnehmen, ein weiches Tuch hineinlegen. Der Karton mit dem Welpen wird auf dem Rücksitz des Autos plaziert, daneben sitzt ein Begleiter, der sich um den Hund kümmert. Meist ist dies die erste Autofahrt des Welpen, möglicherweise verträgt er die Fahrt nicht. Kein Grund zur Beunruhigung, dies ist eine natürliche Reaktion. Vorsorglich sollte man aber immer einige Papiertücher dabei haben, um den Karton schnell säubern zu können.

OBEN: Die Einführung bei anderen Familienmitgliedern - menschlichen und tierischen - gewährleistet, daß der Welpe nach kurzer Zeit voll in das Familienleben integriert ist.

UNTEN: Wichtig ist, daß Dein Welpe von Anfang an die »Hausregeln« erlernt. Wenn man ihn als Welpe auf die Möbel läßt, kann man ihn als Erwachsenen nicht tadeln, wenn er auf das Sofa klettert.

OBEN: Wenn Du Dir einen Welpen ins Haus holst, bist Du für seine Gesundheit und sein Wohlbefinden für das ganze Leben verantwortlich.

RECHTS: Zusammentreffen mit Hunden und anderen Menschen ist fester Bestandteil des so wichtigen Prozesses der Sozialisierung.

DEUTSCHER BOXER

ANKUNFT ZU HAUSE Direkt bei der Ankunft wird der Hund sofort in den Garten gebracht, an eine Stelle, wo er sich jetzt und in Zukunft lösen soll - wenn er dies nicht bereits im Auto gemacht hat. Laß ihm Zeit, um sich an die Umgebung zu gewöhnen, er darf umherschnüffeln und alles erforschen. Keinerlei Eile, Ruhe und Freundlichkeit. Keinesfalls solltest Du jetzt Deine Nachbarn einladen. Für den Welpen ist das Verlassen seines Zuhauses für den ersten Tag wirklich genug an Belastung.

SCHLAFPLATZ Sicherlich hast Du den Platz festgelegt, wo der Welpe künftig schlafen soll - für den ganzen Rest seines Lebens. Und genau hier muß er auch am ersten Tag schlafen. Wenn er die ganze Nacht über weint, laß Dich keinesfalls erweichen, schmuggle ihn nicht ins Schlafzimmer. Wenn Du es doch machst, wird es Dir immer leid tun! Jeder Hund braucht seinen eigenen Platz, einen Platz, der ihm gehört, wo er auch alleine bleibt, weg von all dem Tohuwabohu eines normalen Haushalts, von den Kindern und dem Fernsehen. Dieser Platz ist seine Zuflucht, sein Zuhause. Ich persönlich bin ein großer Anhänger des Hundekäfigs. Einige Hundeliebhaber sehen solche Käfige, verfallen sofort auf die Idee, eine Unterbringung sei grausam. Dies ist nicht der Fall! Mein Rat lautet, einen Käfig zu kaufen, der von Anfang an groß genug ist, auch einem ausgewachsenen Boxer Platz zu geben, wenn er steht. Ein solcher Idealkäfig sollte aus Stahldraht gefertigt sein, mit verschließbarer vorderer Tür. Solche Käfige sind nicht billig, aber praktisch unzerstörbar. Dies ist einmal im Leben ein Kauf, der sich von unschätzbarem Wert erweisen wird.

GEWÖHNUNG AN DEN KÄFIG Dieser Käfig sollte an der Stelle aufgestellt werden, wo der Eigenbereich Deines Boxers liegt, im Idealfall in einer Ecke der Küche oder in einem Arbeitsraum. Der Raum muß warm und zugfrei sein. Am besten wird der Käfigboden für »kleine Unfälle« mit einigen Lagen Zeitungspapier belegt. Dann stellt man einen stabilen Karton in den Käfig, Vorderseite ausgeschnitten, um leichten Zugang zu ermöglichen. Man legt einige alte Tücher und kaubare, aber unzerstörbare Spielsachen in die Box, läßt den Welpen hinein, der Käfig wird verschlossen, zunächst nur einmal so auf zehn Minuten.

Natürlich wird er schreien und protestieren, Du solltest ihm gut und sanft zureden, aber ohne körperlichen Kontakt. Bald wird er erkennen, daß Du ihn zwar nicht herausläßt, aber mit ihm zufrieden bist und wenn er sich dann über die ersten zehn Minuten geschickt hat, wird die Tür geöffnet, der Hund fröhlich begrüßt, nach Herzenslust abgeliebelt.

Nach der letzten Mahlzeit Deines Welpen zur Schlafenszeit wird er nochmals in den Garten gebracht, der Besitzer wartet, bis er sich löst. Und *Du mußt warten*, selbst wenn es eine ganze Stunde dauert. Vom ersten Tag an muß der Welpe lernen, nach den Mahlzeiten stubenrein zu sein. Wenn er alles erledigt hat, wird er in seinen Käfig gesteckt, die Nacht über dort gelassen, ohne irgendwelchen erneuten Kontakt - ganz gleichgültig, wie stark er dagegen protestiert. Ein Nachgeben auf sein herzzerreißendes Wimmern in diesem Frühstadium wäre ein schwerwiegender Fehler, der Dir nur weitere Schwierigkeiten macht.

Der zweite Vorzug des Käfigs besteht darin, daß Hunde im allgemeinen von Natur aus ungern ihr eigenes Lager verunreinigen. Können Sie frei durch die Küche laufen, denken sie sich nichts dabei, sich in irgendeiner Ecke zu lösen, kehren dann wieder in ihr Körbchen zurück. Wenn sie sich aber nur wenige Zentimeter von ihrem Schlafquartier entfernt lösen können, lernen sie erstaunlich schnell, Blase und Darm zu kontrollieren.

Kapitel 3
HALTUNG UND PFLEGE

Der Boxer ist ein verhältnismäßig problemlos zu haltender Hund, er braucht angemessene Bewegung, gut ausgewogene Ernährung, etwas Fellpflege, freundliche Disziplin und eine ganze Menge liebevoller Betreuung.

FÜTTERUNG Verantwortungsvolle Züchter übergeben dem Welpenkäufer einen Futterplan. Dieser sollte, wenn der Welpe abgeholt wird, nicht nur die Mahlzeiten für das entsprechende Alter enthalten, sondern ein Wegweiser durch die ganze Aufzuchtperiode sein. Diesem Plan solltest Du die Fütterung so eng wie möglich anpassen. Hast Du aber den Eindruck, die empfohlene Nahrung passe nicht zu Deinem Lebensstil, solltest Du dies mit dem Züchter besprechen. Hundefütterung ist kein großes Geheimnis. Vorausgesetzt ein Boxer erhält eine ausgewogene Ernährung, ist es einfach, die Fütterung so anzupassen, daß es zu Hund wie Besitzer paßt.

Die Hundefutterindustrie hat heute einen Umsatz von vielen Millionen DM, die Fütterungstechniken wurden dabei immer mehr verfeinert. Dementsprechend quillt der Markt geradezu über von verschiedenen Hundefutterarten, viele davon werden als *Komplettnahrung* angeboten. Wenn ein solches Futter als komplett ausgewiesen ist, dies auch vom Züchter bestätigt wird, soll man sich strikt hieran halten. Bereits beim Abholen des Welpen solltest Du entscheiden, ob Du diese Art Fütterung übernimmst, wenn ja, solltest Du mit dem Züchter nochmals abklären, daß dem Hund durch dieses Futter alle notwendigen Nährstoffe zukommen.

Noch vor wenigen Jahren fütterten die meisten Züchter eine Ernährung basierend auf Fleisch und Getreidemixern. Diese entsprach nicht allen Nahrungsbedürfnissen der Hunde, aus diesem Grund wurde diese Art der Ernährung in den Wachstumsstadien durch Kalziumpräparate ergänzt, auch weitere Zusatzstoffe wurden verfüttert.

Die heutzutage hochqualifizierten Nahrungswissenschaftler haben den Hundeliebhabern diese Arbeit abgenommen. Sie haben eine ganze Reihe von Futterdiäten zusammengestellt, die alle notwendigen Zusätze enthalten, die ein Hund zur jeweiligen Zeit seines Lebens braucht. Hergestellt wird nicht nur ein Komplettfutter, sondern von einer Marke eine ganze Reihe. Heute findet man die meisten »Komplettnahrungen« zumindest für drei Lebensstadien: ein Futter für das Wachstum (für Welpen und Junghunde, die noch nicht voll ausgereift sind), eines für Hochaktivität (für ausgewachsene Hunde, die ein besonders aktives Leben führen) und für Hunde mit weniger Aktivitäten (besonders für ältere Hunde, die aufgrund ihres ruhigeren Lebensstils weniger Energie verbraucht haben).

Wenn Du ein industriell hergestelltes Futter verfütterst, ist es außerordentlich wichtig, den Anweisungen des Herstellers nahezu religiös zu folgen. Wenn ein Futter komplett ist, darf es, wenn es in der korrekten Menge verfüttert wird, keine Zusätze haben. Heute werden viele Welpen nicht durch Unterernährung, wie in vergangenen Generationen, ruiniert, als insbesondere Rachitis und ähnliche Mangelerkrankungen verbreitet auftraten, sondern durch begeisterte Besitzer, die dem jüngsten »Wunderzusatz« nicht widerstehen, wunderschön verpackt und verkaufswirksam präsentiert. Mit so etwas kann man seinen Junghund schwerwiegend schädigen, wenn man eine Komplettnahrung verfüttert, und Kalziumpräparate, Lebertran, Seetang, Hefetabletten und weiß der Himmel was noch zufügt! Der beste Rat lautet, die vom Züchter empfohlene Komplettnahrung zu verfüttern - und davon nicht abzuweichen.

OBEN: Wenn Hunde älter werden, ändern sich auch die Futteranforderungen. Ab dieser Zeit bevorzugen die meisten Hunde, wenn die tägliche Futtermenge auf zwei Mahlzeiten verteilt wird.

SEITE VISAVIS:
OBEN: Füttert man Komplettfutter, sollte man jede Zusätze vermeiden, sie zerstören die Ausgewogenheit.

UNTEN: Boxer sind muskulöse Hunde und brauchen Bewegung aller Art, damit sie in erstklassiger Kondition bleiben.
Fotos: Sheila Bowman.

DEUTSCHER BOXER

Viele Hundebesitzer haben die falsche Vorstellung, sie sollten ihrem Junghund Kuh- oder Ziegenmilch geben. Warum ist es für ein Tier natürlich, die Milch eines anderen zu trinken? Selbst beim Entwöhnen habe ich meinen Welpen nie Milch gegeben. Haben sie erst einmal mit dem Saugen aufgehört, deckt Wasser alle Anforderungen an Flüssigkeit. Sobald der Welpe in seinem neuen Zuhause ankommt, braucht er eine schwere, unzerbrechliche Wasserschüssel, immer mit klarem, frischem Wasser, wofür der Halter unbedingt sorgen muß. Dies ist doppelt wichtig, wenn man Komplettfutter trocken füttert, denn einige dieser Produkte erfordern eine überdurchschnittliche Wasseraufnahme.

Die Anzahl der Mahlzeiten und die Fütterungszeiten sollten bereits im Futterplan stehen. Die meisten Welpen kommen ins Haus, wenn sie viermal täglich gefüttert werden - meist - etwa mit achtzehn Monaten - reicht es aus, einmal täglich zu füttern. Viele Liebhaber-Besitzer fühlen sich aber schuldig, wenn sie ihrem Boxer vierundzwanzig Stunden Pause zwischen den Mahlzeiten zumuten, geben deshalb ein leichtes Frühstück und später am Tag eine etwas reduzierte Hauptmahlzeit. Man muß herausfinden, welche Fütterungszeiten am besten in die Haushaltsführung passen, diese dann aber exakt einhalten. Hunde sind ausgeprägte Gewohnheitstiere, mögen es überhaupt nicht, wenn ihre Fütterungszeiten wechseln. Zur Zeit habe ich einen älteren Hund, nach dem Du die Uhr stellen könntest - an jedem Nachmittag um fünf Uhr, auf die Sekunde, steht die Hündin vor ihrer Futterschüssel voll angespannter Erwartung, und wehe mir - wenn ich nur fünf Minuten zu spät bin!

Deinem Boxer-Welpen solltest Du einen gekochten Markknochen geben, an dem er nagen darf, vermieden werden müssen immer kleinere Knochen, die splittern und möglicherweise versehentlich verschluckt werden. Ich persönlich füttere ungerne in diesem Stadium Kuhhufe oder Ochsenziemer, hier besteht immer die Gefahr, daß der Welpe Stücke herunterschluckt, die für ihn zu groß sind. Wenn man Welpen Knochen oder andere Dinge zum Nagen gibt, sollte man sie dabei immer überwachen.

Von Anfang an mußt Du festlegen, zu welcher Zeit Dein Boxer gefüttert wird, es gilt seinen bettelnden Augen am menschlichen Tisch strikt Widerstand zu leisten. Jeder Versuch zu betteln oder hochzuspringen am Tisch muß sofort korrigiert werden, der Hund darf sich überhaupt nicht um die menschlichen Mahlzeiten kümmern. Am besten ist es immer noch, wenn sich die menschliche Familie zu Tisch setzt, dem Boxer das Kommando in sein Körbchen - in seinen Käfig - zu geben. Auf diese Art lernt er schnell, daß der Mittagstisch ihn nichts angeht, zu den menschlichen Essenszeiten wird er dann ein kleines Schläfchen einlegen.

ENTWURMUNG Beim Abholen des Welpen beim Züchter solltest Du alle Details darüber erfahren, wie er bisher entwurmt wurde. Die meisten Welpen haben Spulwürmer, kein echtes Problem, wenn sie routinemäßig behandelt werden. Laß Deinen Hund sich erst ein bis zwei Tage eingewöhnen, dann solltest Du mit ihm für eine komplette Gesundheitskontrolle zu Deinem Tierarzt gehen. Beim ersten Besuch braucht der Arzt alle Details über die bisherigen Wurmkuren, er berät über die weitere Behandlung. Bei diesem Besuch mußt Du den Welpen unbedingt im Wartezimmer auf dem Schoß halten, ihn auch in das Sprechzimmer tragen. In diesem Alter ist er sehr ansteckungsgefährdet, große Wachsamkeit ist deshalb angezeigt.

Heute gibt es vorzügliche und offensichtlich sogar schmackhafte Wurmpasten, die langsam jene alten Pillen ersetzen, die man den sich sträubenden Welpen in den Rachen schob!

HALTUNG UND PFLEGE

Einige der Wurmmittel lösen die Würmer vor dem Ausscheiden auf, manche Würmer treten zuweilen im Kot auf. Beim täglichen Saubermachen sollte stets der Stuhlgang der Hunde überprüft werden, diese Gewohnheit ist fester Bestandteil einer verantwortungsvollen Hundehaltung. Achte darauf, daß die Ausscheidungen wirksam entsorgt werden, entweder durch Verbrennen oder durch Kompostierung.

Der Hund sollte zweimal jährlich routinemäßig entwurmt werden, zusätzlich natürlich dann, wenn es irgendwelche Anzeichen für akuten Wurmbefall gibt.

SCHUTZIMPFUNGEN Zwingendes Gebot ist es, den Boxer-Welpen gegen Staupe, Leptospirose, Hepatitis und Parvovirose impfen zu lassen. Heute werden zumeist Impfungen in zwei Intervallen verabreicht, die erste Impfung erfolgt mit acht Wochen, die zweite vier Wochen später. Hinsichtlich des Alters haben Tierärzte gewisse unterschiedliche Auffassungen, aber sieben bis acht Wochen für die erste Impfung erscheint eine gute Daumenregel. Die meisten Züchter sind durch die Zuchtvereine angehalten, die erste Schutzimpfung bereits im Alter von spätestens acht Wochen durchzuführen.

Nach jeder Impfung stellt der Tierarzt ein entsprechendes Impfzeugnis aus, das unbedingt aufbewahrt werden muß, am besten hält man natürlich allen »Papierkram« rund um den Boxer an der gleichen Stelle, zusammen mit anderen wichtigen Unterlagen. Viel zu leicht verlegt man solche Dokumente, findet sie nicht wieder, wenn man sie manchmal ganz dringend braucht. Wichtig ist in allen europäischen Ländern auch die Schutzimpfung gegen Tollwut. In aller Regel kann sie gemeinsam mit der Staupe-Impfung erfolgen.

Auf dem Impfpaß wird eingetragen, wann der Hund seine Wiederholungsimpfung braucht, meist ist dies ein Jahr nach der ersten Impfung. Bei diesen Impfterminen sollte gleichzeitig eine Routinegesundheitskontrolle durchgeführt werden, bei der der Tierarzt prüft, ob alles in Ordnung ist.

Zuweilen wird auch Impfung gegen Zwingerhusten empfohlen. Wenn die Absicht besteht, den Hund manchmal während des Urlaubs auch in einem Tierheim unterzubringen, bestehen diese Pensionen in der Regel darauf, daß eine solche Vorsorgemaßnahme getroffen ist. Auch diese Impfung wird im Impfpaß eingetragen, muß man bei der Einlieferung des Hundes in der Tierpension verfügbar haben.

UNTERBRINGUNG Ich habe bereits den Vorteil dargelegt, den kleinen Boxer zum Schlafen an einen Käfig zu gewöhnen, auch daran, daß er im Käfig - wenn notwendig - gewisse Zeiten verweilt. Dieser Rat gilt für jeden im Haus untergebrachten Hund, eine Unterbringung, die strikt zu empfehlen ist - weniger für den Zwinghund.

Kein Hund kann einsam im Zwinger gedeihen. Wenn Du nur einen Boxer als Familienhund hast, kann ich keinesfalls den Bau eines Zwingers empfehlen. In erster Linie ist ein solches Gebäude - auch in einfacher Ausstattung - sehr teuer. Zum zweiten hast Du möglicherweise die Absicht, Deinen Boxer täglich einige Zeit im Zwinger unterzubringen, später stellt sich heraus, daß er sich doch vorwiegend im Haus aufhält.

Hält man zwei Hunde gemeinsam, ist dies etwas anderes. Häufig genießen sie auch einige Zeit ohne Menschen, wo eben Hunde gemeinsam das tun, was ihnen gerade gefällt. Aber unabhängig davon werden auch diese Hunde das Zusammensein mit der ganzen Familie im Haus bevorzugen, es ist auch zwingende Notwendigkeit für das Wohlbefinden der Hunde.

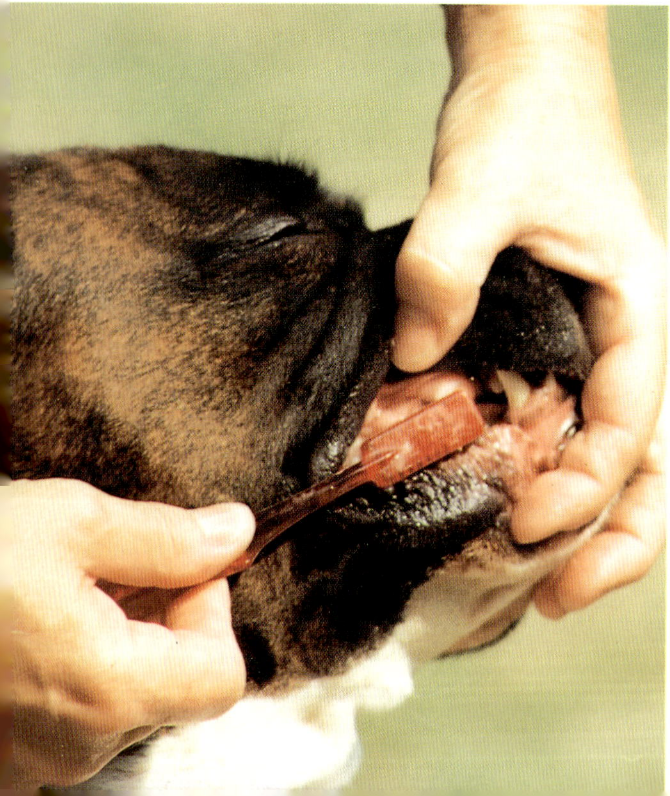

OBEN: Der Boxer gehört zu den pflegeleichtesten Hunderassen. Das kurzhaarige Fell braucht nicht mehr als regelmäßiges Bürsten, damit es sauber und glänzend bleibt.

LINKS: Von früh an sollte der Boxer sich daran gewöhnen, daß die Zähne gereinigt werden.

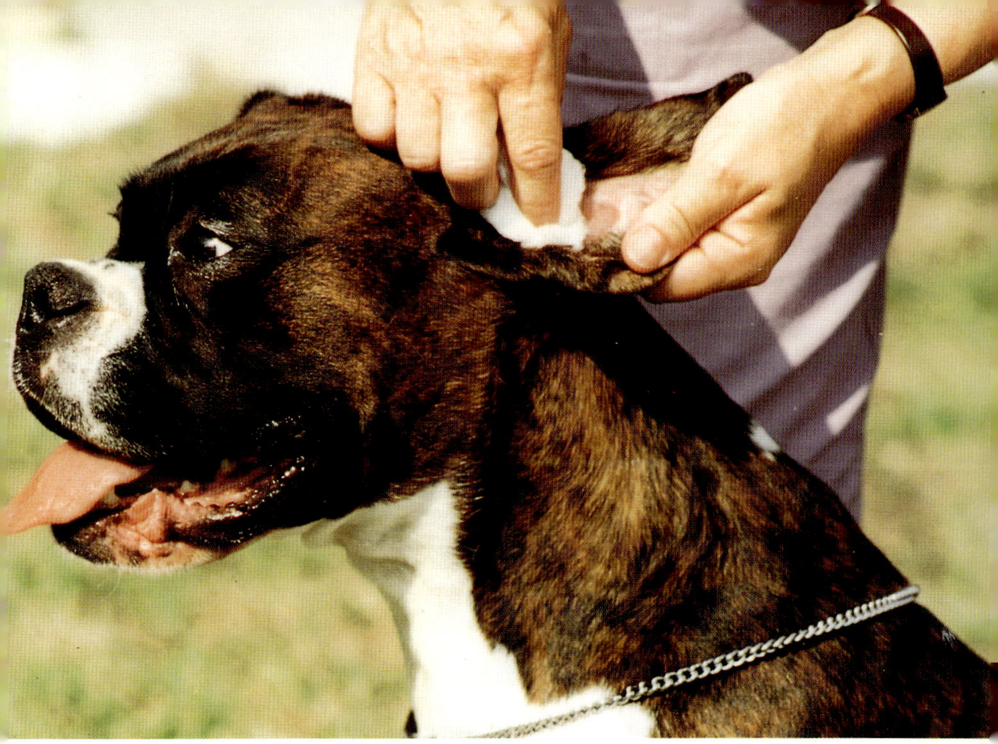

OBEN: Wenn sich in den Ohren Ohrschmalz ansammelt, müssen sie vorsichtig mit einem Wattebausch gereinigt werden.

RECHTS: Auslauf auf harter Oberfläche hält die Nägel kurz, manchmal bedarf es aber zusätzlicher Maßnahmen. Achte darauf, nur das Ende des Nagels zu kürzen dabei nicht ins Leben zu schneiden.

DEUTSCHER BOXER

AUSLAUF Viele Boxer-Besitzer unterliegen einem fatalen Irrtum, glauben, ihr heranwachsender Junghund bräuchte sehr viel Bewegung, damit er groß und stark wird. Die Wahrheit ist, diese heranwachsenden Knochen sind im Entwicklungsstadium recht empfindlich, über die ersten sechs Monate des Hundelebens sollte der Auslauf des jungen Boxers weitgehend auf das Spiel im eigenen Garten beschränkt sein. Natürlich wird er in dieser Zeit auch an Leine und Halsband gewöhnt, spielen auch die Sozialisierung und die Grunderziehung eine Rolle (Näheres hierzu in Kapitel 4).
Hast Du keinen genügend großen Garten, reichen kleinere Spaziergänge im Park aus. Lange, ausgiebige Spaziergänge mit tüchtigen Galoppabschnitten sollten erst nach einem Alter von sechs Monaten beginnen, dann nach und nach eingeführt werden. Unternimmt man mehr, könnte dies stärker schaden als nützen.

FELLPFLEGE Der Boxer gehört dank seines kurzen, dicht anliegenden und glänzenden Fells zu den pflegeleichten Hunderassen. Es ist eine gute Idee, den Welpen bereits daran zu gewöhnen, daß wöchentlich einmal der ganze Körper überprüft wird. Dies garantiert nicht nur, daß der Hund sauber und gesund ist, bereitet ihn vielmehr für die Zukunft vor, falls ihn der Tierarzt einmal näher untersuchen muß oder - möglicherweise auch - der Richter auf einer Hundeausstellung.

ZÄHNE Von früh an muß der Welpe lernen, das Gebiß kontrollieren zu lassen, diesen Wunsch nicht mit einem »nein« zu beantworten. Am besten beginnt man, wenn der Welpe noch recht klein ist, er es sich gefallen läßt. Hier mußt Du ihm sanft aber bestimmt beibringen, daß Du der Boss bist. Bei übermütigen, ausgewachsenen Boxern, insbesondere wenn keiner ihnen beigebracht hat, daß sie den Fang öffnen müssen, haben Tierärzte manchmal Probleme. Dabei kann so etwas in Streß ausarten. Viel Kauen auf großen Markknochen hilft, die Boxer-Zähne sauber und frei von Zahnstein zu halten, dies ist besonders wichtig, wenn man Komplettnahrung verfüttert, wo Kauen eigentlich kaum mehr gefragt ist.
Von Anfang an sollte man den Boxer daran gewöhnen, daß die Zähne mit einer speziellen Hundezahnpasta gereinigt werden. Hierfür verwendet man eine harte Zahnbürste, achtet aber sorgfältig darauf, daß das Zahnfleisch nicht blutet. Besondere Vorsicht ist auch zu Zeiten des Zahnwechsels angezeigt.

AUGEN Die Augen Deines Boxers sollten vor Gesundheit strahlen, der einzige Bereich, der kontrolliert werden muß, ist der innere Augenwinkel, wo sich zuweilen etwas Tränenflüssigkeit ablagert. Einmal wöchentlich abwischen mit etwas Watte und handwarmem Wasser sollte dieses Problem lösen. Achte darauf, daß alle Hautfalten rings um den Fang nach dem Baden immer richtig getrocknet werden. Stärkere Verfärbungen können mit eigens hierfür auf dem Markt befindlichen Produkten behandelt werden.

OHREN Auch diese müssen regelmäßig kontrolliert werden, sauber sein, frei von Geruch und ohne stärkere Ohrschmalzbildung. Auftretendes Schmalz wird mit Watte sanft entfernt. In solchen Fällen sollte man einige Ohren-Tropfen nach Vorschrift des Tierarztes einbringen. Meide unbedingt die Versuchung, mit Ohrstäbchen in den Ohren zu puhlen, damit könntest Du ernsthafte Schäden anrichten.

KRALLEN Diese müssen immer kurz gehalten werden. Viel Bewegung auf harter Oberfläche hält sie kurz, manchmal müssen sie trotzdem leicht geschnitten werden.

HALTUNG UND PFLEGE

Bis zum heutigen Tag ist das Nägelschneiden von Hunden der einzige Job, den ich bei der Hundepflege absolut hasse. Aber es muß sein! Nach meiner Erfahrung ist der Guillotine-Nagelschneider am einfachsten im Gebrauch.

Wichtig ist, daß Du mit dem Nagelschneiden beginnst, solange der Welpe noch klein und handlich ist. Man schneidet immer nur ein winziges Stückchen ab, achtet darauf, daß man keinesfalls ins *Leben* schneidet. Hast Du schlechte Nerven, überlasse das Nägelschneiden dem Tierarzt, trotzdem muß Dein Junghund von früh an daran gewöhnt sein.

FELLPFLEGE Hierfür bedarf es beim Boxer nicht viel mehr als ein einmal wöchentliches, tüchtiges Abreiben, am besten mit einem Gummihandschuh. Dieser besteht aus schwerem Gummimaterial, auf der einen Seite mit Noppen. Damit entfernt man nicht nur sanft loses und totes Haar, sondern man massiert den Boxer, stimuliert ihn, dabei fühlt er sich ganz großartig.

Manchmal wirkt die Haut etwas trocken und spröde, man sieht Schuppenbildung, eventuell auch Schorf. Ursache ist meistens die Fütterung, setze jedem Futter auf einige Zeit etwas Pflanzenmargarine zu, normalerweise löst dies das Problem. Wenn nicht, mußt Du den Arzt fragen.

Selbst in dem saubersten Haushalt passiert es, daß Hunde mit Flöhen nach Hause kommen. Während der wöchentlichen Pflegesitzung solltest Du immer mit der Hand das Fell gegen den Strich streichen, nach unerwünschten Gästen Ausschau halten. Findest Du einen solchen Parasiten, wird Dein Hund mit einem passenden Insektizidshampoo gebadet, danach täglich kontrolliert. Achte unbedingt darauf, daß nicht nur das Hundefell, sondern auch das Hundelager und der Bereich ringsum mit Insektiziden behandelt wird.

Auf dem Lande lebende Hunde lesen zuweilen auch Zecken auf. Diese Parasiten bohren sich mit ihren blutsaugenden Werkzeugen in die Hundehaut, ernähren sich hier. Man darf sie nicht herausreißen, meist bleibt sonst das Saugwerkzeug in der Haut, löst möglicherweise einen Abszeß aus. Hier gibt es passende Zeckenzangen, mit denen die Zecke drehend herausgeholt wird. Anschließend kann man mit einem milden Desinfektionsmittel die Stelle nachbehandeln.

BADEN Wird der Boxer regelmäßig gepflegt, braucht er allerhöchstens zweimal jährlich ein Bad. Einige Boxer haben aber die lästige Angewohnheit, sich auf unangenehmen, manchmal übelriechenden Dingen zu wälzen, in solchen Fällen bleibt nichts anderes übrig als das Baden. Hier gilt das Gleiche wie mit Fangöffnen und Krallenschneiden, mein Rat lautet, probeweise dem Boxer ein erstes Bad auch bereits mit etwa sechzehn Wochen zu verabreichen, dann ist er noch klein genug, um sanft daran gewöhnt zu werden, damit er nicht beim Anblick einer Duschwanne ausbricht. Die Aussicht, wie man einen voll ausgewachsenen Boxer-Rüden sonst erstmalig in ein Bad bringt, ist sicherlich etwas beunruhigend.

ZUSAMMENFASSUNG Du solltest versuchen, die wöchentliche Pflege Deines Boxers immer am gleichen Wochentag einzuplanen. Sei in der Durchführung bestimmt, achte aber darauf, daß es für Euch beide Spaß bedeutet - und danach folgt tüchtiges Spielen. Auf diese Art wirst Du schnell feststellen, daß Dein Boxer es auch als wunderschön empfindet - und alles macht dazu noch Spaß!

So wird die Würgekette korrekt angelegt. Der Leinenring ist rechts vom Hals, verengt sich die Leine beim Ziehen, lockert sie sich auf diese Art automatisch.

Falsch: Legt man den Würger so an, lockert er sich nicht automatisch.

Kapitel 4
ERZIEHUNG UND AUSBILDUNG

Boxer sind hochintelligente Hunde, ihr Körperbau, ausgeglichenes Wesen und ihr Verstand machen sie zu vielseitigen Hunden, die sich für eine Vielfalt von Aufgaben erziehen lassen. Boxer haben in der Erziehung bemerkenswert großartige Spezialleistungen bei Armee wie Polizei erbracht, sie dienten als Blindenführhunde, bei Leistungsprüfungen haben sie sich bewährt und eine ganze Reihe von Abrichtekennzeichen erworben. Zur Zeit ist Agility eine immer interessantere Hundesportart. Gerade die grenzenlose Energie des Boxers und sein Sinn für Humor machen ihn zu einem perfekten Agility-Hund.

Wenn Dein Boxer heranwächst, möchtest Du ihn möglicherweise für eine Reihe von Spezialaufgaben erziehen. Am Anfang steht aber immer eine Grunderziehung, die gewährleistet, daß Dein Hund mit allen Alltagsbegegnungen gut zurecht kommt, dann macht das Leben mit ihm Spaß. Die Erziehung eines Boxer-Welpen bis zu diesem Leistungsstandard liegt durchaus im Bereich der Fähigkeiten eines Durchschnittshundehalters, diese Erziehung braucht nicht viel mehr als gesunden Menschenverstand.

Ist diese Grunderziehung erst einmal abgeschlossen, gibt es weitere Möglichkeiten in Richtung Leistungsprüfung oder Ausstellungstraining. Für die Agility-Aus-

Boxer sind intelligente Hunde, sie haben am Erzogenwerden Freude.

bildung solltest Du mit dem Beginn bis zu einem Alter von zwölf Monaten warten, denn es bringt Gefahren mit sich, einen heranwachsenden Hund den Anstrengungen des Sprungs über Hindernisse auszusetzen. Gerade zum Thema Agility sei das Buch von *Ruth Hobday: AGILITY MACHT SPASS, KYNOS VERLAG* empfohlen, es bietet eine Fülle an Anregungen für fröhliche gemeinsame Arbeit von Mensch und Hund.

STUBENREINHEIT Die erste Erziehungsaufgabe ist sicherlich immer das Stubenreinmachen des Hundes. Dein Boxer muß wissen, daß innerhalb des Hauses Verunreinigungen nicht erlaubt sind, glücklicherweise werden Boxer im allgemeinen bereits sehr früh stubenrein.

Als erstes beim Aufstehen am Morgen mußt Du Deinen Boxer-Welpen in den Garten bringen oder dahin, wo er sich immer lösen sollte. Bleibe stets bei ihm, bis er sich gelöst hat, danach wird tüchtig gelobt. Nach jeder einzelnen Mahlzeit wird der Welpe wieder hinausgebracht, beobachtet, bis alles Notwendige getan wurde, immer gefolgt von tüchtigem Loben und Spielen. Als letztes am Abend muß Dein Welpe Gelegenheit haben, sich vor dem Schlafengehen zu lösen. Wenn Du dieses System des ins Freie bringen des Welpen vom frühen Morgen, nach jeder Mahlzeit und als letztes am Abend zur Gewohnheit werden läßt, wird Dein Hund im Haus schnell fleckenlos sauber sein.

Natürlich gibt es trotzdem unausweichlich das eine oder andere Unglück. Wenn Dein Welpe einen kleinen Bach im Haus macht, auch Schlimmeres, Du ihn dabei auf frischer Tat ertappst, wird er laut und fest mit »Nein!« ausgeschimpft, sofort nach draußen in den vorgesehenen Toilettenbereich gebracht. Wenn Du jedoch die Spuren eines solchen Fehlers im Haus antriffst, ist es völlig sinnlos, ja extrem schädlich, wenn Du deshalb den Welpen auszankst. Er kann das frühere falsche Handeln nicht mit Deiner schlechten Laune in einen Zusammenhang bringen. Für ihn wirkt es nur so, als wärst Du mit ihm ärgerlich, und zwar deshalb, was er zu diesem genauen Augenblick tut, beispielsweise daß er gerade ruhig und friedlich in seinem Körbchen liegt.

Das Gleiche gilt beim Aufstehen am Morgen, wenn der Hund sein Lager verschmutzt hat, was ganz ungewöhnlich ist, wenn Du meinem Rat folgst und ihn mit einem Käfig erziehst. Auch hier hat das Zanken mit dem Welpen keinerlei positiven Effekt, natürlich aus dem gleichen Grund. Korrekturen sind immer nur wirksam, wenn sie mit dem falschen Handeln in direktem zeitlichen Zusammenhang stehen.

HAUSERZIEHUNG Von Anfang an wird der Junghund von Zeit zu Zeit immer einmal wieder etwas tun, was er nicht tun sollte. Während des Zahnwechsels besteht stets die Versuchung, irgendwo etwas anzukauen. Achte darauf, daß der Welpe viel Spielzeug hat, das er auch kauen darf. Es ist wichtig, daß jeder Welpe eigenes Spielzeug besitzt. Die altmodische Vorstellung, dem Welpen einen alten Schuh zu überlassen, ist außerordentlich töricht! Wenn es in Ordnung ist, daß er einen alten Schuh bekaut, wie soll er je verstehen, daß dies für funkelnagelneue Schuhe überhaupt nicht gilt? Für den Welpen macht dies wirklich kaum einen Unterschied.

Wenn der Boxer-Welpe richtig behandelt wird, fühlt er sich schnell als Teil der Familie. Boxer sind von ihrer Natur her *Menschenhunde.* Das besagt aber auch, daß der Junghund stets bei Dir sein möchte. Vielleicht versucht er jetzt, auf die Couch zu klettern, möglicherweise bei Dir im Lehnstuhl zu sitzen, wenn Du fernsiehst. Wenn Dir ein zehn Wochen alter Junghund auf den Schoß springt, macht dies zuweilen Spaß, aber möchtest Du wirklich, daß dies später auch der ausgewachsene Hund

ERZIEHUNG UND AUSBILDUNG

tut? Selbst ein gut gepflegter Boxer verliert Haare, wahrscheinlich möchtest Du auf Deinen Möbeln kein Hundehaar. Deshalb ist es außerordentlich wichtig, von Anfang an festzulegen, was akzeptabel ist, was nicht. Dein Boxer muß von Anfang an lernen, welche Möbel im Hause für ihn verboten sind.

Ich persönlich empfehle immer ein eigenes Hundelager, nicht zu weit entfernt von den eigenen Möbeln, so daß der Hund mit am Kamin sitzen kann - Hunde lieben ihrer Natur nach die Wärme des Feuers. Nach meiner Erfahrung sind die mit Schaum ausgekleideten, ovalförmigen Plastikschalen mit abnehmbaren und waschbaren Überzügen für diesen Zweck ideal. Wenn Du selbst entspannst, kann der Hund neben Dir in seinem Lager sein, mit etwas Spielzeug - er wird dies bald genießen.

Wenn Dein Boxer-Welpe anfängt, etwas Verbotenes zu bekauen, wenn er versucht, auf das Sofa zu hüpfen oder andere Missetaten im Kopf hat, muß ein kurzes, lautes und festes »Nein!« folgen, zuweilen mit einem leichten Klaps auf die Nase. Dies müßte aber wirklich ausreichen, um ihm Dein Mißfallen klar zu machen. Wenn es der Welpe mißachtet, mußt Du Deine Autorität fest und unzweifelhaft durchsetzen. Dabei ist es aber immer wichtig, selbst ruhig zu bleiben, nie die Nerven zu verlieren. Boxer scheinen sehr zäh und stürmisch zu sein, in Wirklichkeit sind sie aber recht empfindsame Hunde.

LEINENFÜHRIGKEIT Von früher Jugend an muß man den Boxer-Welpen an Leine und Halsband gewöhnen. Ich mag es nicht, dem Hund immer das Halsband anzulassen, nach meiner Überzeugung kann dies gefährlich werden. Dies ist aber eine Frage der persönlichen Entscheidung.

Wenn Du mit Deinem Hund aus dem Haus gehst, muß er immer an der Leine geführt werden, es sei denn, Du findest eine sichere offene Fläche, wo er frei laufen kann. Unterwegs trägt der Hund immer ein Halsband, darin eingearbeitet Deine private Telefonnummer.

Man beginnt mit einem verstellbaren leichten Leder- oder Nylonhalsband. Am besten legt man es dem Welpen vor dem Spielen an. Es sollte ihn nicht übertrieben stören, zeigt er sich doch etwas beunruhigt, wird ihn das Spielen schnell ablenken. Jeden Tag sollte man den Welpen etwa zehn Minuten das Halsband tragen lassen, bis er sich völlig daran gewöhnt hat.

Als nächster Schritt wird während des Spielens eine Leine mit dem Halsband verbunden, sie schleift einfach hinten nach. Auf diese Art gewöhnt sich Dein Boxer schnell an das Gefühl, daß etwas am Halsband zieht. Hat er sich jetzt auch an die Leine gewöhnt, kannst Du damit anfangen, diese festzuhalten. Am Anfang folgst Du einfach Deinem Welpen quer durch den Garten, läßt sozusagen ihn führen.

Nach ein paar Übungen dieser Art kannst Du mit etwas Erziehung beginnen. Gehe in gerader Richtung, führe den Welpen links neben Dir. Wenn er zieht, lockst Du ihn neben Dich zurück, verwendest hierfür wenn notwendig einen kleinen Leckerbissen.

Zughalsbänder oder Kettenhalsbänder kann man auch beim Welpen anlegen, Voraussetzung sind große Kettenglieder. Die feinen Ketten können als Erziehungshilfe verletzen. Wichtig ist auch, daß Würgehalsbänder immer korrekt angezogen sind, der Führungsring rechts am Hals, der Ring beim Anziehen der Leine nach unten ziehend, so daß er sich danach automatisch entspannt. Beim Spaziergang mit dem ausgewachsenen Boxer empfehle ich ein gutes, großgliedriges Würgehalsband an kräftiger Lederleine, dabei hat man ein Maximum an Kontrolle.

Mit einiger Übung gewöhnt sich der Welpe bald daran, neben Dir zu gehen, für

ERZIEHUNG ZUM SITZ

OBEN: Zum Anfang der Übung muß man dem Boxer mit den Händen beibringen, was man von ihm wünscht.

OBEN. Ein leichter Druck etwa im Lendenbereich bringt den Hund mühelos in die Position Sitz.

LINKS: Halte Deinen Hund einige Augenblicke in der Position Sitz, danach wird er tüchtig gelobt.

KOMMANDO PLATZ

Ein Leckerbissen ist für den Boxer immer ein großer Anreiz. Halte den Leckerbissen am Boden, der Hund erhält einen Leinenruck nach unten, der ihn in die gewünschte Position bringt.

Man kann den Hund aber auch in die Stellung Platz bringen, wenn man ihn veranlaßt, dem Leckerbissen mit der Nase nachzufolgen.

Halte den Hund in der Stellung Platz, belohne ihn mit dem Leckerbissen.

DEUTSCHER BOXER

diese Übung benutzt man am besten das Standardkommando »Fuß!«. Im Rahmen der Leinenführigkeitserziehung können auch weitere Kommandos »Rechts«, »Links« und »Stop« eingebaut werden, ihr Sinn erklärt sich selbst. Alle diese ersten Schritte zur Leinenführigkeit sollten Zuhause, frei von Ablenkungen in einem ruhigen Bereich vorgenommen werden. Keinesfalls empfiehlt es sich, den Boxer in die Stadt und in den Verkehr zu bringen, ehe die Leinenführigkeit klappt. Die Folgen könnten sonst recht unglücklich sein.

SITZ! Ein Hund, der sich auf Kommando immer setzt, ist einfach zu halten, wird nie lästig. Die Erziehung zum Sitzen ist recht einfach, wenn man den Hund richtig belohnt. Boxer lieben nun einmal das Fressen, und am Ende einer erfolgreichen Erziehung übermittelt der »verzehrbare Preis« die notwendigen Informationen recht schnell.

Vorzüglich für die Erziehung zum »Sitz« ist die Zeit direkt vor der Fütterung. Man legt eine Hand an die Kehle des Hundes, die andere auf das Hinterteil - direkt vor der Rute, drückt den Hund sanft nach unten, begleitet von dem Kommando »Sitz!«. Jetzt hält man den Hund einige Augenblicke in der Position Sitz, wiederholt das Kommando. Dann wird er freigelassen, tüchtig gelobt, erhält danach etwas von seiner Mahlzeit. Diese Übung kann man zwei- oder dreimal wiederholen, läßt den Hund danach in Ruhe zu Ende fressen.

Nach einer Woche oder so wirst Du feststellen, daß Dein Hund auf das Kommando gehorcht, sich setzt, ohne daß Du ihn noch anzufassen brauchst. Wenn er mit dieser Übung vertraut ist, wird sie weiter ausgebaut, man vergrößert die Distanz zwischen Mensch und Hund immer mehr. Regelmäßige Übungen sollten bis zum erwachsenen Hund fortgesetzt werden.

BLEIB! Beherrscht Dein Zögling erst einmal das Sitz, kann man mit dem »Bleib« fortfahren. Beginne mit dem Hund in der Position Sitz, stelle Dich visavis zum Hund, wenige Schritte Abstand. Jetzt kommt das Kommando »Bleib!«, gehe langsam wenige Schritte zurück. Während Du stehst, muß der Welpe einige Augenblicke auf seiner Position bleiben. Dann kannst Du ihn mit dem Kommando »Hier« abrufen - auch einfach durch Nennen seines Namens - und er sollte in Erwartung des ihn erwartenden Lobes auf Dich zustürzen.

Die Erziehung zum »Bleib« kann durch einen Freund oder ein anderes Familienmitglied beschleunigt werden. Der Helfer steht hinter dem Welpen, hält ihn an der Leine zurück. Auf diese Art wird jeder Versuch, von dem »Bleib« auszubrechen, ohne daß er das Kommando erhält, minimalisiert. Auf das Kommando »Hier« läßt der Helfer den Hund frei.

PLATZ! Eine außerordentlich wichtige Übung! In jeder Notsituation kann schnelle Reaktion auf das Kommando »Platz« ein Lebensretter sein.

Man beginnt mit dem angeleinten Hund links vom Führer in der Position Sitz. Es folgt das Kommando »Platz«, begleitet von einem Leinenruck nach unten, gleichzeitig sanftem Druck auf die Schulter des Hundes. Man sollte einen tiefen, energischen Tonfall wählen, bald begreift der Hund, was man von ihm erwartet. Bei der Wiederholung der Übung sollte man bald ohne manuelle Hilfe nur auf das stimmliche Kommando Erfolg haben.

Das Geheimnis erfolgreicher Grunderziehung besteht in »wenig und oft«. Keinesfalls darf man über vier Tage überhaupt nichts tun, dann eine Stunde zu

ERZIEHUNG UND AUSBILDUNG

erziehen versuchen. Schnell verliert der Hund die Lust an der Arbeit, wird durch solche irreguläre Erziehung widerspenstig. Die Erziehung sollte immer beiden Freude bereiten, immer mit einem Ballspiel oder etwas anderem enden, woran Dein Boxer wirklich Spaß hat.

AUSSTELLUNGSERZIEHUNG Wenn Dein junger Boxer sich zu einem vorzüglichen Vertreter seiner Rasse entwickelt, möchtest Du ihn möglicherweise auch ausstellen. Wenn ja, beginnt man immer mit kleinen Hundeausstellungen, wo alles noch etwas locker zugeht, man auch Zeit hat, sich mit Anfängern zu befassen. Erst später folgt dann der Ernst im Rahmen der großen Championats- oder Siegerausstellungen.

Um Deinem Hund Sicherheit zu vermitteln, sollte er für den Ausstellungsring erst etwas erzogen werden. Auf Schönheitsausstellungen sollte sich Dein Boxer nicht setzen, vielmehr muß er lernen, sich in der traditionellen Ausstellungspose aufzustellen, dabei die typische äußere Linie des Boxers demonstrieren. Es muß ihm auch Spaß machen, wenn der Richter sein Gebiß kontrolliert, seinen ganzen Körper abtastet - bei Rüden auch die Hoden überprüft. Von früher Jugend an sollte Dein Hund sich daran gewöhnen, sich auf diese Art auch von Fremden anfassen zu lassen.

Um Deinen Boxer richtig »aufzustellen«, faßt Du ihn mit der einen Hand unter der Kehle, mit der anderen unter seinem Brustkorb. Weich und freundlich hebt man den Hund so weit an, daß die Pfoten gerade vom Boden abheben, langsam läßt man ihn wieder herunter, so daß die Vorderläufe parallel zueinander richtig unter ihm stehen, wenn der Hund nach vorne schaut. Man bleibt mit der Hand im Kehlbereich, so daß der Kopf stolz und hochgetragen wird, geht dann mit der anderen Hand vom Hals über den Rücken, streichelt dabei den Hund kräftig. Jetzt wird auch die Hinterhand angehoben, wieder langsam heruntergelassen, so daß die Kniewinkelung gut erkennbar ist, die Sprunggelenke in einem Winkel von 90 Grad zum Boden stehen. Immer sollte Dein Boxer die Rute hochtragen, wenn er aber die ganze Prozedur als etwas unangenehm empfindet, kannst Du ihn hierzu ermuntern, indem Du ihn gerade oberhalb der Schwanzwurzel kraulst, was dann sicherlich den erwünschten Effekt auslöst.

Halte Deinen Boxer in dieser Stellung, sprich die ganze Zeit ruhig und ermunternd mit ihm. Im Ausstellungsring solltest Du möglicherweise später ein Zughalsband mit kleineren Gliedern verwenden, in der Übung das Trainingshalsband. Wenn dieses Aufstellungstraining zu Hause schon etwas erfolgreich verläuft, solltest Du einen Nachbarn oder einen Freund, den der Hund nicht sehr genau kennt, bitten, vorbeizukommen, den Hund »zu richten«, ihm den Fang zu öffnen, ihn auch an den empfindlicheren Teilen zu berühren.

Als nächste Übung erfolgt das Vorführen in Bewegung im Ausstellungsring. Dabei ist das Tempo wichtig, Dein Boxer sollte sich daran gewöhnen, sich mit einem gut koordinierten Trab neben Dir zu bewegen. Dies ist etwas schneller als der Schritt, aber darf nie so schnell verlaufen, daß der Hund in Galopp verfällt. Er muß lernen, sich in dieser Gangart in gerader Linie zu bewegen, in einem Dreieck und dann auch in einem Kreis. Am Ende der Bewegung solltest Du Deinem Boxer beibringen, sich an loser Leine frei aufzustellen. Im Idealfall stellt er dann seine Läufe natürlich von sich aus in die gleiche Position, wie Du ihn ursprünglich aufgebaut hast.

Dies alles bedarf vieler Übung, ein Boxer zeigt sich immer am besten, wenn er sich an loser Leine aufstellt, wobei seine Aufmerksamkeit auf etwas konzentriert wird,

Die goldene Regel ist, Trainingszeiten kurz zu halten und mit Spiel zu verbinden. Auf diese Art genießt der Hund die Arbeit und bleibt konzentriert.

OBEN: Das Bleib ist ein wichtiger Lernschritt. Am Anfang hilft ein Handzeichen Deinem Boxer beim Verstehen, was man erwartet.

UNTEN: Der erwachsene Boxer kann zu Agilitywettbewerben und Gebrauchshundearbeiten trainiert werden.

DEUTSCHER BOXER

was er auf einige Entfernung beobachtet. Boxer-Aussteller sind notorisch berüchtigt dafür, daß sie irgendwelche »Aufmerksamkeitsgegenstände« in den Ring werfen, die Auswahl reicht von kleinen Stückchen knoblauchgewürzter gebackener Leber bis zu Kaninchenpfoten, gemeinsam mit dem obligatorischen Quietschball! Befolge meinen Rat, beteilige Dich nicht an diesem Unsinn! Er ist völlig überflüssig, wenn Dein Boxer richtig erzogen ist. Wenn der Liebhaber-Boxer erstmals in den Ausstellungsring kommt, gehört zu den schwierigsten Problemen, daß er keine Erfahrung damit hat, mit anderen Hunden Schnauze zu Schnauze zu stehen. Trotz Deiner großartigen Ausstellungsbemühungen besteht die Gefahr, daß sich seine Konzentration jetzt auf seine neuen Freunde richtet, die er rings um sich beobachtet. Hiergegen kann man vorbeugen, wenn man bei sich zu Hause mit Hilfe der Hunde seiner Freunde spielerische Ausstellungen inszeniert. Viel besser ist es jedoch, eine eigene Ausstellungsklasse bei einem Hundeverein zu besuchen, wo erfahrene Hundevorführer vorzügliche Ratschläge erteilen, in einer solchen Klasse dem Hund all das beibringen, was ihn später in der wirklichen Ausstellungsumwelt erwartet.

AUFTRETEN IN DER ÖFFENTLICHKEIT Dein Hund ist jetzt so erzogen, daß er geradezu ein Muster für gutes Benehmen ist. Er ist gehorsam, es macht Freude, mit ihm auszugehen. Sicherlich gibt es in Deiner Gemeinde viele Menschen, die selbst gerne ein Leben mit einem Hund teilen würden, aber ohne eigene Schuld hierzu nicht in der Lage sind. Ich denke an Kinder im Krankenhaus, junge Menschen mit Lernschwierigkeiten in Internaten, an ältere Mitmenschen, die sich gezwungen sahen, die eigene Wohnung - möglicherweise auch ihre Haustiere - aufzugeben.

Es gibt eine Reihe von sozialen Wohltätigkeitsorganisationen, die nur zu gerne als Teil ihres Besuchsprogramms auch Hunde mit ihren Besitzern willkommen heißen. Vor solchen Besuchen sollte Dein Boxer aber auf Charakter und Temperament überprüft werden. Wenn Du einmal zu einem solchen Besuchssystem gehören wirst, wird es Dir enorme Freude bereiten zu beobachten, wieviel Vergnügen Dein Boxer weniger glücklichen Menschen bringen kann. Dies kann eine außerordentlich lohnende Aufgabe werden.

Du solltest immer wissen, daß Du das Privileg hast, einen Boxer zu besitzen, damit auch die Verantwortung übernimmst, für den guten Ruf der Rasse zu sorgen. Dein Boxer sollte immer eine erstklassige Visitenkarte für die Rasse sein, mit gutem Charakter und untadeligen Manieren. Durch korrekte Erziehung wird Dein Boxer jedem, mit dem er zusammentrifft, Freude bereiten, wird zum vorzüglichen Vertreter seiner Rasse. Diese Rasse hat ein großartiges und edles Erbe, auf das Du stolz sein kannst. Du schuldest es Deinem Hund und der Rasse dafür zu sorgen, daß der gute Name der Rasse Boxer erhalten bleibt.

LITERATURHINWEISE: Im Rahmen dieses Buches ist es völlig unmöglich, dem Hundeliebhaber ein umfassendes Bild über richtige Hundeerziehung zu vermitteln. Daher sollte am Ende dieses Kapitels ein kurzer Überblick gegeben werden über Bücher, die für die Erziehung des Liebhaber-Hundes, aber auch für weitergehende Erziehung, sehr wertvoll sind. Alle Bücher sind im *KYNOS VERLAG* erschienen:

Dr. Roger Mugford - HUNDEERZIEHUNG 2000, irrtumsfreies Lernen
Heinz Gail - 1 x 1 DER HUNDEERZIEHUNG
John Rogerson - HUNDEERZIEHUNG ... TIERISCH GUT
Ruth Hobday - AGILITY MACHT SPASS, Band I und Band II
Konrad Most - DIE ABRICHTUNG DES HUNDES
Angela Wegmann/Winfried Heines - SUCH UND HILF (Rettungshundeausbildung)

Kapitel 5
AUSSTELLUNGEN

Für meine Ausführungen in diesem Kapitel gehe ich von der Voraussetzung aus, daß Dein Boxer ein typisches Exemplar der Rasse ist, in der Qualität über dem Durchschnitt steht, und Du Dich entschieden hast, Dich dem Ausstellungssport zu widmen. Theoretisch sind Hundeausstellungen die notwendige Gelegenheit, bei der interessante Zuchthunde vorgestellt und bewertet werden. Durch Ausstellungen treffen sich die Züchter in regelmäßigem Abstand, um die Hunde kennen zu lernen und näher zu prüfen, die für die Zucht interessant sind, um Fehler und Vorzüge zu erkennen, die in bestimmten Blutlinien auftreten. Durch Studium der im Ausstellungsring präsentierten Zuchthunde vermögen die Züchter dann ihr eigenes Zuchtprogramm entsprechend aufzubauen.

In Wirklichkeit gehört die Mehrheit der Menschen, die Hunde ausstellen, zu den Hobby-Ausstellern. Sie besitzen meist einen oder zwei Hunde, die in erster Linie Familienmitglieder sind. Im Ausstellen ihrer Hunde haben sie ein eigenes Hobby entdeckt, das noch immer verhältnismäßig wenig kostet, wodurch sie viele neue Freunde kennenlernen, mit denen sie gemeinsame Interessen haben.

Darf ich zum Anfang meiner Ausführungen etwas brutal vorgehen? Du hast Dich entschlossen, Deinen Hund zur Ausstellung zu bringen, ist er aber wirklich gut genug? Wenn Du einmal damit beginnst, Deinen Hund gegen andere antreten zu lassen, werden für Dich als den liebenden Besitzer kleine Fehler, die für Dich völlig unentscheidend sind, von den Richtern und den in Konkurrenz stehenden Ausstellern ganz besonders genau betrachtet werden. Könnte Dich dieses vielleicht verletzen? Denn Du liebst ja Deinen Boxer! Er ist Dein großartiger Kumpel und er beschützt Dich zuverlässig! Möchtest Du Deinen Hund wirklich dem aussetzen, was Du vielleicht als Unfreundlichkeiten im Ausstellungsring empfindest? Nur wenn Du bereit bist hinzunehmen, daß Dein Boxer nicht in allen Teilen perfekt ist, wenn Du konstruktive Kritik an all Deinem Stolz und Deiner Freude hinzunehmen weißt, nur dann sollst Du aufbrechen und Deinen Hund ausstellen. Aber denke länger und gründlicher nach, ehe Du Dein Geld für Meldegebühren ausgibst.

Hast Du Dich für das Ausstellen entschlossen, hat Dir der Züchter Deines Hundes versichert, daß sich Dein Hund wirklich zu einem erstklassigen Ausstellungshund entwickelt hat, dann rate ich Dir gut, mit kleinen Ausstellungen zu beginnen. Versuche hier Dein Glück, erlaube Dir selbst, Dich mit allem vertraut zu machen, ehe Du Deinen Hund zu den großen Ausstellungen führst, wo die Creme de la Creme der Rasse für Spitzenbewertungen in Wettbewerb tritt.

Wenn Du Deinen Boxer ausstellst, wird ihn der Richter mit dem Rassestandard vergleichen. Der Rassestandard ist die Beschreibung des perfekten Boxers, hier wird Punkt um Punkt festgelegt, wie ein solcher idealer Boxer aussehen soll. Nach diesem Idealbild wird Dein Hund bewertet, dann gegenüber allen Hunden, die in der Klasse im Wettbewerb sind. Den Rassestandard des Boxers findest Du auszugsweise auf Seite drei dieses Buches.

ANALYSE DES RASSESTANDARDS Als erstes bewertet der Richter den Gesamteindruck eines Hundes. Der Boxer sollte ein edler Hund sein, quadratisch aufgebaut, mit starken Knochen und guter Bemuskelung. Seine äußeren Linien müssen für die Rasse typisch sein, natürlich gilt dies vor allen Dingen für den typi-

Andrew Brace beim Richten der Monmouth County Kennel Club Show, USA, im Jahre 1993. Hier vergibt er Best of Breed (BOB) an Ch. Hi-Tech's Arbitrage, Besitzer Bill und Tina Truesdale, vorgestellt von Kimberly Pastella. Arbitrage war 1993 in den USA der »Top Working Dog aller Rassen«; im darauffolgenden Jahr gewann er die »Working Group« auf der prestigeträchtigen Westminster Kennel Club Show.

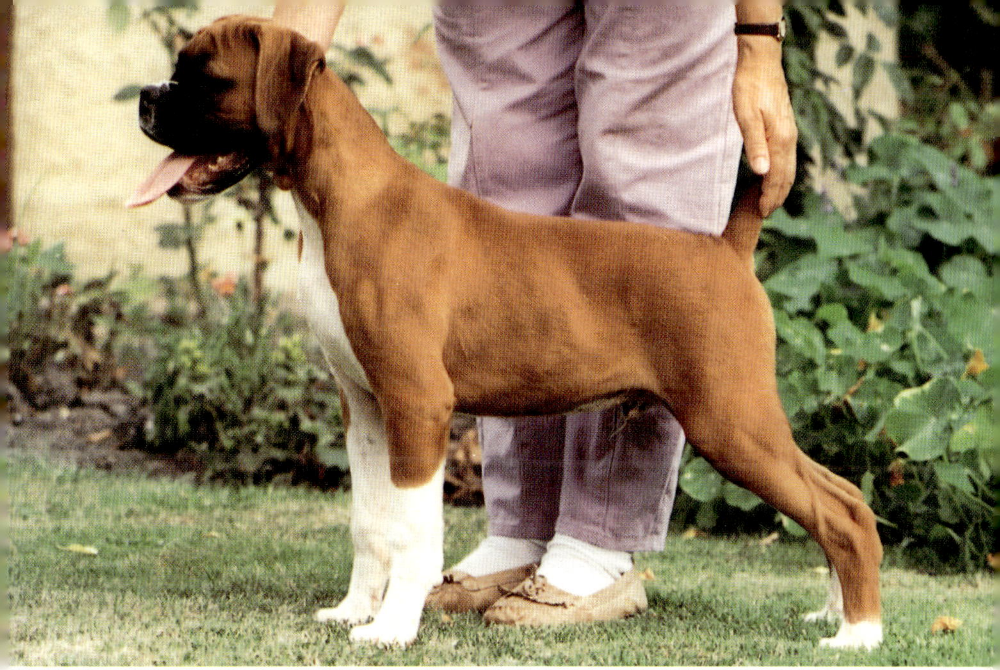

OBEN: Wenn Du Deinen Boxer ausstellen möchtest, solltest Du mit der Erziehung schon beim Junghund beginnen. Hier wird dem Junghund beigebracht, sich in der traditionellen Ausstellungspose des Boxers zu zeigen.

UNTEN: Ein neun Monate alter Junghund mit viel Ausstellungspotential. Wenn man auf höchster Ebene antreten möchte, sollte man hinsichtlich Vorzügen und Fehlern des eigenen Hundes sehr objektiv sein.

DEUTSCHER BOXER

schen Boxerkopf, denn es ist der Kopf, der den Boxer in allen seinen Einzelheiten so einmalig macht. Der Boxer muß furchtlos sein, dabei gutartig, immer den Eindruck großen Selbstbewußtseins vermitteln. Im Ausstellungsring zeigt sich der gute Boxer dadurch, daß ihn eine Aura umgibt, die zeigt, daß zumindest er selbst weiß, daß er der Beste ist.

KOPF Der Kopf des Boxers gehört zu den wichtigsten Rassemerkmalen. Das Richten sollte immer das Gesamtbild des Hundes sehen, aber völlig gleichgültig, wie vorzüglich ein Boxer in Körperbau und Bewegung sein mag, ist sein Kopf nicht standardgerecht, kann es nie ein guter Boxer sein.

Der Kopf muß immer im richtigen Verhältnis zum Körper stehen, mit anderen Worten darf ein Boxer nicht »kopflastig« wirken, aber alle Anzeichen eines zu leichten oder wenig rassetypischen Kopfes sind ebenso falsch. Der Oberkopf ist schlank und kantig, ohne betonte Backenbildung. Der Fang ist breit und tief, sollte immer viel Kraft zeigen. Nie darf er zu kurz, zu lang, zu schmal oder zu flach, nie zu spitz oder zu leicht wirken. Oberkopf und Fang müssen im richtigen Verhältnis zueinander stehen.

Der Kopf soll trocken sein, also keine Falten zeigen, solange der Hund in Ruhestellung ist. Natürlich bilden sich auf dem Oberkopf leichte Falten, wenn der Hund erhöhte Aufmerksamkeit zeigt. Seitlich des Fangs verlaufen die Lefzen, die Oberlippe ist dick und wulstig, füllt den Hohlraum aus, welcher durch den längeren Unterkiefer entsteht. Die schwarze Gesichtsmaske muß durch den Fang begrenzt sein, sollte niemals über die Augen hinausgehen, dadurch einen düsteren Gesichtsausdruck vermitteln. Der Unterkiefer beißt leicht vor, ist auch etwas aufwärtsgebogen.

Die meisten Hunderassen wünschen sich ein »Scherengebiß«, bei dem die unteren Zähne eng hinter die oberen Schneidezähne fassen. Aufgrund der Abstammung des Boxers vom Bulldog ist aber der Kiefer leicht vorbeißend, stehen die unteren Schneidezähne vor den oberen. Der Oberkiefer ist beim Übergang zum Oberkopf recht breit, verjüngt sich etwas in Richtung Nasenspiegel.

Die Form des Fangs ist durch die sehr dicken, wohlgepolsterten oberen Lefzen verbreitert. Der Eindruck von Breite wird durch die Tatsache unterstützt, daß die Lefzen von den breit stehenden Fangzähnen des Unterkiefers gestützt werden. Das untere Ende der oberen Lefze sollte genau am Rand der unteren Lefze enden, dadurch große Stärke und Tiefe des Kinns betonen.

Nur mit dieser korrekten Lefzenplazierung und guter Tiefe des Kinns hat der Boxer sein wundervolles, aristokratisches, leicht hochnäsiges Aussehen. Ein schwaches Kinn führt zu einer Art »Froschgesicht«, dem völlig die Arroganz fehlt. Ein zu stark vorgeschobener Unterkiefer, bei dem die unteren Zähne sichtbar werden, vermittelt ein drohendes Aussehen.

Der Oberkopf des Boxers ist leicht aufgewölbt, weder kugelig noch flach. Das Hinterhauptbein ist erkennbar, sollte aber nicht herausragen. Die Stirn bildet zum Nasenrücken einen deutlichen Absatz, das bedeutet, wo Oberkopf und Fang sich im Profil begegnen, wölbt sich der Oberkopf deutlich an. Ein flacher Oberkopf ist recht untypisch. Die Länge des Fangs sollte so beschaffen sein, daß der Abstand von der Nasenspitze bis zum inneren Augenlid ein Viertel des Abstandes von der Nasenspitze bis zum Hinterhauptbein beträgt. Die Nasenspitze liegt etwas höher als die Nasenwurzel, ist leicht aufgestülpt. Die Nase muß breit und schwarz sein, mit weiten Nasenlöchern, die Stirnfurche ist nur schwach angedeutet, darf besonders zwischen den Augen nicht zu tief sein.

AUSSTELLUNGEN

AUGEN Zu den schönsten Teilen des Boxerkopfes gehören seine Augen. Sie sollten dunkelbraun sein, gerade nach vorne blickend, nie zu klein oder tief eingesetzt. Sie dürfen aber auch nie hervorquellen. Das Auge muß voll genug sein, um viel Feuer und Intelligenz zu spiegeln, den einmaligen Charakter zeigen, die Augenform liegt zwischen rund und mandelförmig. Die Lidränder sind dunkel, die Nickhaut darf nicht zu sehen sein. Der Rassestandard erwähnt nicht ausdrücklich die Farbe der Nickhaut, für einen wirklich vorzüglichen Boxerkopf sollte sie aber voll durchpigmentiert sein, denn rosafarbene Nickhaut würde den Ausdruck stören. Helle Augen würden einen ansonsten guten Boxerkopf abwerten, dunkelbraune Augenfarbe ist ideal.

OHREN In den USA und einigen europäischen Ländern werden die Ohren noch immer kupiert. Dabei werden die Ohren spitz kupiert, mäßig lang und lotrecht getragen, im Ansatz nicht zu breit. Nach dem Kupieren müssen die Ohren so nachbehandelt werden, daß sie aufrecht stehen. Das Ohrenkupieren ist heute in England, in Deutschland und in den meisten Ländern verboten.

Das natürliche Ohr des Boxers ist von angemessener Größe, eher klein als groß, dünn, an der höchsten Stelle des Oberkopfs seitlich angesetzt. Sie sollen in Ruhestellung flach und dicht an den Wangen anliegen. Wenn der Hund aufmerksam ist, fallen die Ohren mit einer Falte nach vorn. Manchmal trifft man bei Boxern ein »Rosenohr«. Dies ist ein Bulldogohrentyp, bei dem das Ohr nach hinten gefaltet wird. Ein häßlicher Fehler, der Gott sei Dank heute nur noch selten auftritt.

FANG Der Boxer ist ein Vorbeißer, seine Fangzähne stehen möglichst weit auseinander. Die sechs Schneidezähne zwischen den Fangzähnen stehen in gerader Linie im Unterkiefer, fassen in einer leichten Kurve leicht vor die Schneidezähne des Oberkiefers. Die Zähne des Boxers sind von guter Länge, ermöglichen einen kräftigen Biß. Insgesamt gesehen sind die Boxer-Gebisse nicht besonders gut. Nicht selten ist der Unterkiefer verkantet, tritt eine schräge Zahnleiste auf, man trifft auch auf fehlerhafte Zahnstellung und schwach ausgebildete Zähne. Gerundeter, schmaler Unterkiefer ist gleichfalls nicht selten.

HALS Die Halslinie des Boxers verläuft gerundet, ist von guter Länge, zeigt Würde und Adel, ist aber trocken, gut bemuskelt mit eng anliegendem Fell. Die Halslinie verläuft in elegantem Bogen, ohne Wammenbildung. Deutlich geformter Nacken, der ganze Hals mündet elegant im Widerrist, der höchsten Körperstelle, direkt hinter dem Hals.

VORHAND Schultern lang und schräg gestellt, eng anliegend, nicht zu stark bemuskelt. Der Oberarm ist lang, bildet mit dem Schulterblatt etwa einen rechten Winkel. Von vorn gesehen stehen die Vorderläufe kerzengerade, parallel und haben kräftige Knochen. Die Ellenbogen dürfen nicht von der Brustwand abstehen, wie etwa beim Bulldog, dürfen aber auch nicht zu eng angedrückt sein, um dabei eine »Terrierfront« zu bilden. Die Vorderläufe sind lang und stark bemuskelt, senkrecht gestellt, der kurze Vordermittelfuß zeichnet sich klar ab, steht fast senkrecht zum Boden.

KÖRPER Im Profil gesehen muß der Boxer quadratisch wirken, die Brust ist tief, reicht bis zu den Ellenbogen. Die Brusttiefe beträgt die Hälfte der Widerristhöhe, die

Ch. Norwatch Sunhawk Wanneroo: Unkupierte, natürliche Ohren geben einen freundlicheren Gesichtsausdruck.

Gut gepolsterte untere Lefzen sind ein wichtiger Beitrag zum einmaligen Gesichtsausdruck des Boxers.

Kupierte Ohren verändern den Gesamteindruck des Boxerkopfes. Ohrenkupieren ist in Deutschland, England und den meisten Ländern verboten.

Foto: Eddie Banks

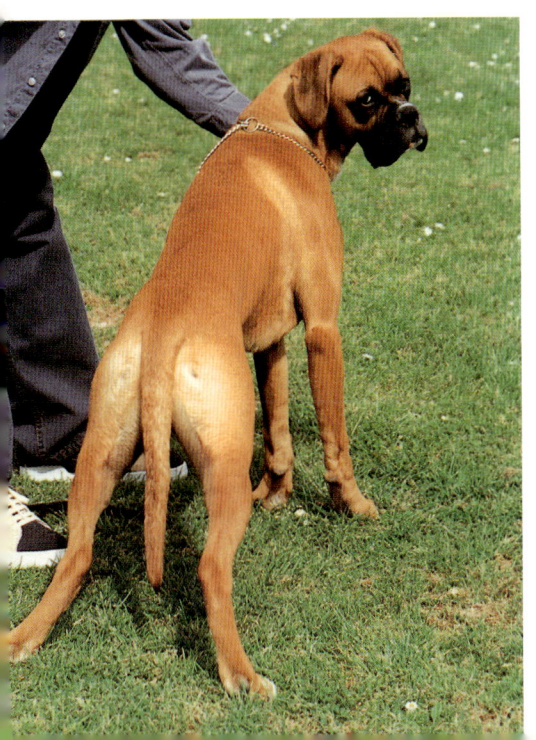

LINKS: Unkupierte Rute. Im allgemeinen wird der Boxer heute weltweit mit kupierter Rute gezeigt, dies könnte sich aber in Zukunft durch entsprechende Gesetzgebung ändern.

DEUTSCHER BOXER

Rippen sind gut gewölbt, aber nicht tonnenförmig gerundet, reichen weit nach hinten. Widerrist gut markiert, Rücken breit und kräftig bemuskelt, kurz, gerade, aber in Richtung Rutenansatz ganz leicht geneigt. Lendenpartie kurz, fest, gerade, breit und stark bemuskelt. Kruppe leicht geneigt, flach gewölbt und breit. Die untere Linie verläuft in elegantem Schwung nach hinten und nach oben, leicht aufgezogen. Die Linie bildet am Hinterleib eine elegante Linie nach oben zum Rutenansatz.

HINTERHAND Hinterhand kraftvoll, stark bemuskelt, Muskulatur bretthart und sehr plastisch sich unter der Haut abzeichnend. Oberschenkel lang, breit, in die sehr muskulösen Unterschenkel übergehend. Die breite Kruppe ist leicht geneigt, Becken lang und breit. Gute, aber nicht übertriebene Hinterhandwinkelung. Überwinkelung führt zu schwachem Bewegungsablauf, es fehlt an Schub aus der Hinterhand. Kniewinkelung nie steil, aber auch keine Überwinkelung. Sprunggelenk gut markiert. Hintermittelfuß ziemlich kurz.

PFOTEN Die ideale Vorderpfote ist klein, rund und geschlossen, katzenähnlich, gut aufgewölbte Zehen und harte Ballen. Die hinteren Pfoten etwas länger.

RUTE Traditionell wird die Boxerrute kupiert, aber die Gesetzgebung in England hat das Kupieren der Ruten durch Laien verboten. Immer weniger Tierärzte führen diese einfache Operation durch, immer mehr Boxer behalten deshalb ihre Ruten. Es fehlt aber von den verantwortlichen Zuchtvereinen noch jegliche Festlegung, wie eine unkupierte Rute in ihrer korrekten Länge aussehen sollte, nach meiner Erfahrung gibt es hier geradezu dramatische Unterschiede.

Bei der kupierten Rute ist diese eher hoch als tief angesetzt, wird kurz kupiert und aufwärts getragen.

BEWEGUNGSABLAUF Bereits auf den ersten Blick vermittelt der Bewegungsablauf des Boxers den Eindruck von Kraft und Adel. Er sollte vorzüglich nach vorn ausgreifen, ohne dabei die Vorderpfoten zu hoch anzuheben, sehr starker Schub von hinten. Im Profil gesehen sollte die Bewegung völlig mühelos und bodendeckend erscheinen. Auf den Betrachter zukommend wirkt die Vorderhandaktion des Boxers klar und kraftvoll, mit größer werdender Geschwindigkeit verlaufen die Pfoten in geringerem Abstand zueinander. Von hinten gesehen bewegt sich der Boxer so, daß die Sprunggelenke absolut parallel erscheinen. Der deutsche Standard verlangt lebhafte Bewegung voll Kraft und Adel. Als Fehler werden Watscheln, wenig Raumgriff, Paßgang und Steifheit bezeichnet.

HAARKLEID UND FARBE Die Farbe des Boxers ist gelb oder gestromt, weiße Abzeichen bis zu einem Drittel der Grundfarbe ist zulässig. Das Gelb variiert von verwaschenem Hellgelb bis zu sattem Hirschrot. Die Stromung sollte klare, schwarze Streifen auf gelbem Untergrund zeigen, wobei die Streifen parallel zu den Rippen über den ganzen Körper laufen. Diese Streifen sollten in deutlichem Kontrast zur Grundfarbe stehen, dürfen nicht zu eng aneinander noch zu weit auseinander liegen. Viele Gestromte zeigen schlechte Markierungen, manche wirken fast schwarz. Diese »Schwarzgestromten« werden von den Richtern in England, wo diese Farbe sogar recht populär geworden ist, wenig bestraft.

GRÖSSE Der Boxerrüde hat eine Höhe von 57 bis 63 cm, die Boxer-Hündin von

AUSSTELLUNGEN

53 bis 59 cm. Gemessen wird am Widerrist. Gewichtsmäßig liegt der Boxerrüde bei etwa 30 Kilo (bei einer Widerristhöhe von 60 cm), die Hündin etwa bei 25 Kilo (bei einer Widerristhöhe von 56 cm).

ZUSAMMENFASSUNG So - das war das Idealbild! Klingt schrecklich kompliziert, oder nicht? Ich nehme an, Du hast den Rassestandard sorgfältig gelesen, jeden einzelnen Teil Deines geliebten Boxers damit verglichen, bist dabei zu dem Schluß gekommen, daß Dein Hund perfekt aussieht! Das geht den meisten Liebhabern so, aber die richtige Interpretation und Anwendung des Rassestandards hat Jahre eigener Erfahrung zur Voraussetzung. Wenn Du am Ausstellen wirklich Freude haben möchtest, mußt Du die Feinheiten des Rassestandards zu verstehen lernen, herausfinden können, warum ein Hund den anderen besiegt. Allerdings gebe ich zu, manchmal ist dies vom Ringrand aus verhältnismäßig schwer zu verstehen!

Dein Wissen über den Boxer wird durch das Lesen jeder verfügbaren Literatur verbessert. Es gibt eine Vielfalt vorzüglicher Bücher, lies jedes, dessen Du habhaft werden kannst. Besonders empfohlen sei das Buch im *KYNOS VERLAG: Walt Weisse - BOXER PORTRAIT.*

Natürlich kannst Du auch erfahrene Züchter und Aussteller fragen, wenn Du etwas nicht richtig verstehst. Wenn diese gerade nicht zu beschäftigt sind, werden sie sich gerne die Zeit nehmen, Dir die Einzelheiten zu erklären. Sie werden gerade durch die Tatsache ermutigt, daß Du offen zugibst, daß Du noch nicht alles weißt!

Setze Dich regelmäßig an den Ringrand, beobachte das Richten, versuche selbst herauszufinden, was die Vorzüge jedes einzelnen Hundes sind. Jeder Narr kann Fehler herausfinden. Gerade der Kenner zeichnet sich dadurch aus, daß er die Vorzüge wertet. Mit einiger Erfahrung ist es dem Auge möglich, so wichtige Merkmale wie Ausgewogenheit, Qualität und Stil zu erkennen.

AUSSTELLUNGSAUSRÜSTUNG Dein Ausstellungsbeutel sollte nachstehende Dinge enthalten:
Ausstellungsleine und Würgekette
Pflegehandschuh
Chamoisleder und Fellglanz (für das letzte Aufpolieren)
Trockenshampoo (falls die weißen Socken auf dem Weg zum Ring verschmutzen)
Ein Beutel Leckerbissen für den Notfall (aber nicht um die konkurrierenden Hunde abzulenken)
Boxenkette und Unterlage (wenn die Ausstellung Boxen hat)
Käfig und Decke (wenn die Ausstellung keine Boxen hat)
Clip zur Befestigung der Ringnummer
Tüten und Abfallbeutel, falls Deinem Hund ein Versehen unterläuft
Flasche mit Trinkwasser und Futterschüssel
Plastiksprayflasche (um an einem wirklich heißen Tag Deinen Boxer kühl zu halten).

AUF DER AUSSTELLUNG Komme möglichst früh an, zumindest brauchst Du vor dem Richten eine halbe Stunde Ruhezeit für Dich selbst. Bringe Deinen Hund in die Ausstellungsbox oder in den eigenen Käfig, besorge den Katalog, so daß Du prüfen kannst, ob Dein Hund in der korrekten Klasse eingeschrieben ist. Wenn nicht, solltest Du sofort mit dem Sekretariat Verbindung aufnehmen. Stelle sicher, daß Dein Hund genügend bewegt wurde, ehe Du in den Ring mußt, anstatt dann im Ring Reinigungsarbeiten durchführen zu müssen.

AUSSTELLUNGS-VORBEREITUNG

Rings um den Fangbereich wird der Boxer »gesäubert«.

LINKS: Abstehende Haare an der unteren Rutenseite werden abgetrimmt, um eine klare äußere Linie zu zeigen.

SEITE VISASVIS: Halte im Ring immer ein Auge auf den Richter, so daß Du dafür sorgen kannst, daß Dein Boxer sich am besten zeigt, wenn der Richter nach ihm schaut.

DEUTSCHER BOXER

Ehe Du in den Ring mußt, solltest Du Deinen Boxer nochmals auf Hochglanz bringen, ihm die Ausstellungsleine anlegen, zum Ring gehen, bereit sein, wenn der Ringsekretär die Klasse aufruft. Stelle Dich dahin, wo der Ringordner es möchte, präsentiere Deinen Hund so gut Du kannst. Beobachte insbesondere die erfahrenen Vorführer, wie sie ihren Job durchführen, sprich die ganze Zeit mit Deinem Hund, tu alles, um es ihm angenehm zu machen.

Wenn der Richter Deinen Boxer überprüft, wirst Du nach dem Alter des Hundes gefragt, das Du natürlich kennst. Es wäre schlechter Stil, mit dem Richter ein Gespräch zu beginnen. Die goldene Regel lautet, antworte nur auf Fragen. Befolge die Anweisungen des Richters. Sollst Du Deinen Hund beispielsweise in der Bewegung im Dreieck zeigen, versuche wirklich ein Dreieck zu gehen - keine andere geometrische Figur.

Ist die ganze Klasse einzeln gerichtet, achte darauf, daß sich Dein Hund gut aufstellt, bestens aussieht. Ein Auge solltest Du immer auf Deinen Hund, das andere auf den Richter haben. Möglicherweise ist Dein Hund nervös, hält einen Lauf falsch, immer mußt Du dies sehen, bevor der Richter es bemerkt. Hast Du das Glück, für die vorderen Plätze ausgewählt zu werden, stelle Dich dahin, wo der Richter oder Ringordner es anweist. Für die Endplazierungen mußt Du Deinen Hund möglicherweise nochmals in der Bewegung vorstellen. Erhältst Du eine Plazierung, eine Preiskarte, gehört es zu den guten Ringmanieren, sich auch beim Ringordner zu bedanken. Ebenso wichtig - es macht immer einen guten Eindruck - wenn Du den vor Dir plazierten Ausstellern gratulierst, Du solltest ihnen freundlich die Hand schütteln.

Falls Du das Glück hast, Deine Klasse zu gewinnen, wirst Du für weitere Konkurrenzen eingeladen, etwa für Bester Rüde, Beste Hündin oder Rassebester. Achte darauf, das Richten genau zu beobachten, damit Du die abschließende Entscheidung nicht verpaßt. Zuspätkommen lieben weder die Richter noch die Ringordner. Solltest Du Rassebester werden, ist es für Dich Verpflichtung, mit Deinem Hund am Gruppenwettbewerb und bei der Konkurrenz um den besten Hund der Ausstellung teilzunehmen. Überprüfe genau, wann diese Konkurrenzen stattfinden, und sei rechtzeitig dabei.

Ob Du nun gewinnst oder verlierst, denke immer daran, daß der Boxer, den Du abends mit nach Hause nimmst, genau der gleiche Hund ist, den Du am Morgen mitbrachtest. Achte sehr darauf, daß ihr beide den Tag genießt - und vergiß nie - Ausstellen ist ein Hobby!

Kapitel 6
ZUCHT

DAS NOTWENDIGE WISSEN Ist Dein Boxer ausgewachsen, könnte der Zeitpunkt kommen, daß Du daran denkst, mit Deinem Hund zu züchten. Möglicherweise ist dies durch einen Bekannten ausgelöst, der Dir versichert: »Ein Wurf würde ihr gut tun.« Dies ist - ganz kurz gesagt - Unfug! Vielleicht möchtest Du aber auch einfach einen Nachkommen Deines geliebten Boxers. Mein dringender Rat - fange nicht damit an! Hundezucht - besonders Boxerzucht - ist ein Hobby, das man nicht ohne Grundwissen betreiben kann. Es erfordert Wissen über die Rasse und Wissen über die Zucht, man braucht völlige Hingabe und sehr viel harte Arbeit. Letztendlich verlangt es auch einen gesunden wirtschaftlichen Hintergrund. Wenn dies alles vorhanden ist kommt das Allerwichtigste - Du brauchst einen Hund, der wirklich wertvoll für die Zucht ist.

Was Deinen Rüden angeht verfällst Du möglicherweise auf die Idee, es sei sein gutes Recht, auch einmal *frisches Fleisch* zu genießen. Aber auch hier irrst Du Dich. Du mußt ganz einfach wissen, ein Zuchtrüde ist nicht einfach ein männlicher Hund mit zwei Hoden. Ein Zuchtrüde ist vielmehr ein Hund, der aus gesundem, bewährtem Zuchtmaterial stammt, der planmäßig für die Zucht gezüchtet wurde. Er muß Hinblick auf den Rassestandard große Vorzüge aufweisen - und nur minimale Fehler.

Vielleicht fragt Dich ein Nachbar mit seiner Boxer-Hündin um Genehmigung, daß er seine Hündin mit Deinem Rüden paart. Hier ist es bei weitem freundlicher, Deinem Rüden jedes Decken überhaupt zu versagen, als ihn nur eine einzige Hündin decken zu lassen. In einem solchen Fall baut sich nahezu zwangsläufig eine seelische Frustration auf, das Fehlen regelmäßiger Deckgelegenheiten könnte ihn veranlassen, sich recht unsoziale Gewohnheiten zuzulegen. Wahr ist - wenn Dein Boxer-Rüde sich im Ausstellungsring nicht als der große Sieger herausstellt, wird er aller Wahrscheinlichkeit nach nur sehr selten zum Decken eingesetzt. In diesem Fall gilt das alte Sprichwort, daß man das, was man nicht kennt, auch nicht vermißt in vollem Umfang.

Viele Besitzer von Familien-Hündinnen verfallen aufgrund völlig falscher Vorstellungen auf die Idee zu züchten. Die verbreitetste dabei ist die bereits erwähnte, es sei gut für sie, einen Wurf zu haben. Tatsächlich führen zahllose Boxer-Hündinnen, die nie Welpen hatten, ein völlig normales, fröhliches und gesundes Leben. Wenn es Dir darum geht, die Familientradition fortzusetzen, wenn Deine Hündin einmal gestorben ist, ist es sehr viel vernünftiger, zu ihrem Züchter zurückzukehren, möglicherweise ein verwandtes Tier zu kaufen - etwa eine Nichte. Es ist durchaus wahrscheinlich, daß ein guter Züchter immer einmal verwandte Tiere zum Verkauf verfügbar hat.

Abgesehen von den beträchtlichen finanziellen und zeitlichen Anforderungen bei Geburt und Aufzucht eines Wurfes kommt dann noch die Frage, was aus den Welpen werden soll. Es ist recht unwahrscheinlich, daß Du als Liebhaberhalter eine größere Warteliste von Kaufinteressenten hast. Gelegenheitsanfragen zählen nicht, meist haben diese Interessenten gerade dann eine Reise vor oder Familienprobleme, wenn sie den Welpen übernehmen sollen. Denke daran, Deine Hündin könnte zehn Welpen gebären. Dies bedeutet aber, daß Du eine entsprechende Anzahl guter, verantwortungsbewußter Hundefreunde für sie finden mußt. Vielleicht bildest Du Dir ein, daß, wenn Du die Welpen im Alter von acht Wochen inserierst, daraus eine Fülle

Eine Zuchthündin muß immer ein erstklassiger Repräsentant der Rasse mit sehr guter Anatomie und vertrauenswürdigem Wesen sein.

Der Rüde muß sowohl im Hinblick auf seine Abstammung wie auch seine körperlichen und charakterlichen Wesensmerkmale zu der Hündin passen.

Rutenkupieren wird zunehmend strittig, der Züchter muß entscheiden, ob er seinen Welpen die Ruten kupieren läßt oder sie in natürlichem Zustand beläßt.

Die Futtermenge sollte erst in den allerletzten Wochen der Tragezeit erhöht werden. In Vorbereitung auf eine gesunde Geburt ist es immer wichtig, daß die Hündin fit in Kondition bleibt.

von Anfragen kommt, aber so einfach ist es bestimmt nicht! Die meisten Hundefreunde schauen sich für ihren Welpen in gleicher Art um wie Du selbst, in aller Regel besuchen sie einen Züchter von gutem Ruf. Welche Chancen verbleiben Dir noch? Es wäre wirklich Unsinn, eine Hündin decken zu lassen, wenn man nicht absolut sicher ist, daß eine ganze Anzahl von guten Plätzen für die Welpen gesichert sind.

Wenn man einmal von den Kosten der sachgerechten Aufzucht absieht - kannst Du Dir überhaupt die Arbeit vorstellen, die ein Wurf aktiver Boxer-Welpen verursacht? Hast Du an die Räumlichkeiten gedacht, die für Geburt und Aufzucht des Wurfes erforderlich sind? Du brauchst genügend Platz, um Wurfkiste und Welpenauslauf unterzubringen, und dieser Bereich muß warm, ruhig und zugfrei sein. Die Aufzucht eines Wurfes bedeutet, daß jemand immer im Hause sein muß - buchstäblich vierundzwanzig Stunden täglich - und dies zwei Monate lang. Bist Du überhaupt bereit, Deine Alltagsroutine in solchem Umfang umzustellen?

Dies sind nur wenige Gesichtspunkte, die Du Dir ernsthaft überlegen solltest, ehe Du Deine Hündin decken läßt. Hast Du die ganze Angelegenheit gründlich durchdacht, mit Deinen Freunden und allen Familienmitgliedern die Dinge besprochen, besteht dann übereinstimmend der große Wunsch einen Welpen Deiner Hündin zu haben, bleibt es immer noch Deine Aufgabe, ordentlich zu züchten - und die harte Arbeit beginnt.

GENETISCHE ÜBERLEGUNGEN Du solltest sehr viel über den Boxer wissen, alle Fragen erblicher Erkrankungen studieren, die ja bei Deinen Welpen möglichst nicht auftreten sollten. Insgesamt ist der Boxer eine gesunde Hunderasse, aber viele Züchter ignorieren ganz einfach die Tatsache, daß erbliche Probleme von Zeit zu Zeit auftauchen, jeder sollte sorgfältig bemüht sein, sie zu meiden. Hierzu gehören progressive Axonopathie, Hüftgelenksdysplasie und Herzerkrankungen (Einzelheiten S. 78 ff.).

DER DECKRÜDE Steht fest, daß Deine Hündin zuchtwertvoll ist, mußt Du den richtigen Deckrüden heraussuchen. Es ist immer richtig, einige Boxer-Ausstellungen zu besuchen - wenn man dies nicht ohnedies regelmäßig tut - und sich die Rüden im Ring anzusehen - aber auch die Hündinnen. Einige Rüden werden Dir besser gefallen als andere, hast Du Deine Hausaufgaben richtig gemacht und die Zucht eingehend studiert, sollte diese Bevorzugung theoretisch gesehen darauf beruhen, daß dies die besseren Boxer sind. Notiere Dir die Hunde, die Dir besonders gefallen, überprüfe, wer ihr Vater ist. Möglicherweise entdeckst Du schnell, daß Du mehrere Hunde ausgewählt hast, die vom gleichen Vatertier stammen. Das wäre sehr gut, denn dies würde bedeuten, daß Du ein gutes Auge gewonnen hast.

Hast Du einen Rüden herausgefunden, der eine Reihe von Nachzuchten erbracht hat, die Dir besonders gefallen, solltest Du Dir, wenn Du ihn noch nicht kennst, diesen Rüden einmal selbst ansehen. Sprich mit dem Rüdenbesitzer offen, sage ihm, Du wolltest möglicherweise mit seinem Rüden züchten. Zeige ihm die Ahnentafel Deiner Hündin, bitte um seine Meinung. Wenn Du eingehend die Ahnenreihen Deiner Hündin und des möglichen Zuchtrüden studiert hast, weißt Du schnell, ob es gemeinsame Vorfahren gibt. Es ist dann wichtig, soviel wie irgend möglich über die Hunde herauszufinden, die in beiden Ahnenreihen vorhanden sind.

Unter Linienzucht versteht man die Zuchtmethode, bei der man miteinander verwandte Hunde paart, versucht, dabei den gemeinsamen Typ zu erhalten. Eine

ZUCHT

solche Linienzucht muß aber immer aus den richtigen Gründen erfolgen, andernfalls kann sie mehr schaden als nutzen. Nehmen wir einmal an, beim Vergleich der Ahnenreihen hast Du herausgefunden, daß beide Tiere den gleichen Großvater haben. Er war ein bekannter Champion-Rüde, der viele vorzügliche Welpen brachte, ihnen seinen Typ vererbte. Die Chancen sind gut, daß, wenn Du diese Paarung durchführst, zumindest einige der Welpen dem gemeinsamen Urgroßvater ähneln.

Möglicherweise entdeckt man aber auch unter den gemeinsamen Ahnen in den Ahnentafeln beider Hunde, daß eine einzige, nie ausgestellte Hündin die Großmutter der Hündin, die Urgroßmutter des Rüden ist. Dabei ist es durchaus möglich, daß die fragliche Hündin, gepaart mit einem besonders guten, nicht verwandten Rüden recht gute Nachkommen gebracht hat, dabei auch ein schwerwiegender Fehler, den sie selbst besaß, verbessert wurde. Möglicherweise hatte sie eine schlechte Gebißstellung, eine schiefstehende Zahnleiste oder war stark vorbeißend. Obgleich sich dieser Fehler selbst noch nicht unter den Ahnen Deiner Hündin wie ihres möglichen Partners gezeigt hat, besteht die Wahrscheinlichkeit, daß bei der Paarung dieser Hunde Welpen mit falscher Gebißstellung entstehen. Für eine erfolgreiche Linienzucht solltest Du sorgfältig darauf achten, daß Du nur Vorzüge *doppelst*, keine ernsthaften Fehler.

In solchen Fällen sind Gespräche mit älteren und erfahreneren Züchtern sehr hilfreich, möglicherweise kennen sie viele der Hunde, die weiter hinten in der Ahnenreihe Deiner Hündin stehen, können Dir sagen, wie sie waren. Es hilft sehr, möglichst viele solcher Informationen schon vor der Paarung zu haben, sich ein echtes Bild über die Vorfahren der eigenen Hündin zu machen.

Schließlich mußt Du Deine Wahl für den endgültigen Zuchtrüden treffen, wahrscheinlich will der Rüden-Besitzer Deine Hündin kennenlernen, ehe er zustimmt. Ob Du es nun einmal glaubst oder nicht - die meisten Züchter und Rüden-Besitzer sind nicht allein am Deckgeld interessiert. Es ist durchaus möglich, daß der Rüden-Besitzer sich Deine Hündin ansieht, Dir sagt, daß das Paar nicht zusammen paßt. Vielleicht ist die Hündin zu kurz auf den Läufen und erfahrungsgemäß bringt der ausgewählte Rüde selbst eher Kurzläufigkeit als lange Laufknochen. In solchen Fällen werden die meisten Rüden-Besitzer einen anderen Rüden empfehlen, auch für sie ist es besser, als das Risiko auf sich zu nehmen, vom Standard abweichende Welpen zu produzieren, die ein schlechtes Bild auf ihren Rüden werfen.

Mit dem Rüden-Besitzer werden Deckgeld und Einzelheiten festgelegt. Was das Deckgeld angeht, solltest Du Dich erinnern, daß man beim Deckakt selbst für das Decken bezahlt, aber nicht für daraus entstehende Welpen. Es ist allerdings üblich, daß wenn die Hündin leer bleibt, die meisten Rüden-Besitzer bei der nächsten Hitze einen freien Deckakt akzeptieren. Hierzu gibt es aber keine Verpflichtung, auch kein Recht des Hündinnen-Besitzers.

ZWINGERNAME Vielleicht hast Du festgestellt, daß der Name Deines Hundes aus zwei Teilen besteht - seinem eigenen Namen und dem Zwingernamen. Dies entspricht dem jeweiligen Vornamen und dem Familiennamen beim Menschen. Lautet der Zwingername des Züchters »vom Boxerland«, heißt Deine Hündin möglicherweise »Scarlet vom Boxerland«. Wenn Du selbst züchten möchtest, mußt Du einen eigenen Zwingernamen beantragen, alle von Dir gezüchteten Welpen tragen damit einen einheitlichen Familiennamen - Deinen Zwingernamen. Die Einzelheiten über nationalen oder internationalen Zwingernamenschutz, Beantragung, Zuchtwarte, Wurfüberwachung erhältst Du vom zuständigen Rassezuchtverein.

OBEN: Über die ersten Wochen versorgt die Hündin die Welpen weitgehend allein, ernährt und säubert sie.

RECHTS: Sind die Welpen zufrieden, machen sie in den ersten Wochen wenig Lärm. Ihr Leben besteht in diesem Zeitraum in der Regel nur aus Perioden des Saugens und Perioden des Schlafs.

OBEN: Mit der Beifütterung beginnt man meist im Alter von drei bis vier Wochen, je nach körperlicher Entwicklung der Welpen.

LINKS: Das Fressen aus einem gemeinsamen Napf regt den Appetit des einzelnen Welpen an. Achte darauf, daß auch schwächere Welpen ihren fairen Anteil bekommen.

DEUTSCHER BOXER

DIE PAARUNG Du hast Dich für den richtigen Rüden entschieden und der Rüden-Besitzer hat Deine Hündin angenommen, mußt Du jetzt auf den richtigen Decktag warten. Je nachdem, wann bei der Hündin die erste Hitze auftrat, ist für den ersten Wurf zuweilen die zweite, meist die dritte Hitze richtig. Grundsätzlich ist es nicht ratsam, mit einer Boxer-Hündin vor einem Alter von achtzehn Monaten zu züchten.

Der Anfang der Hitze zeigt sich durch blutigen Ausfluß, jetzt muß kurzfristig der Rüden-Besitzer informiert werden. Es gibt Rüden-Besitzer, die darauf bestehen, daß zum Schutz gegen Infektionen der Tierarzt bei der Hündin einen Abstrich vornimmt. Am besten erfolgt dies mit Eintritt der Hitze. Die meisten Boxer-Hündinnen werden rund um den elften Tag der Hitze gedeckt. Aber denke daran, nie sind hier zwei Hündinnen gleich. Einige Hündinnen müssen sehr früh, andere viel später gedeckt werden. Der beste Weg festzustellen ob die Hündin steht, ist ein Test ihrer Reaktion auf einen Rüden. Eine Daumenregel besagt, färbt sich der leuchtendrote Ausfluß hell, ist die Hündin bald deckbereit. Wenn man die Hündin jetzt seitlich der Rute berührt, stellt sie diese typisch zur Seite, während sich die Scheide hebt. Das ist ein sehr versprechendes Zeichen, daß die Hündin deckbereit ist. Sobald dies geschieht, sollte man kurzfristig mit dem Rüden-Besitzer den Besuch festlegen.

Es ist das Beste einen Rüden zu verwenden, dessen Besitzer über einige Erfahrungen verfügt, in diesen Fällen sollte man immer das tun, was der Rüden-Besitzer vorschlägt. Meist ist es keine gute Idee, wenn der typische Liebhaber-Besitzer sich selbst um die Paarung kümmert, viele Hündinnen-Besitzer sind dabei sehr emotional, reagieren falsch, wenn der Rüde die Hündin besteigt, eindringt und dabei die Hündin ein wenig quietscht - was viele Hündinnen tun. Wenn man zwei kräftige Boxer miteinander paart, ist es das Allerletzte, was der Rüden-Besitzer braucht, ein hysterischer Hündinnen-Besitzer, der die ganze Angelegenheit erschwert. Du solltest also Deine Emotionen zügeln.

Die meisten Rüden-Besitzer bitten, die Hündin an der Leine zu führen, sie mit dem Rüden vertraut zu machen - der in diesem Stadium auch angeleint bleibt. Für die Paarung selbst muß die Hündin ein kräftiges Lederhalsband tragen, damit man sie gut festhalten kann. Die Hunde beginnen zu flirten, der Rüde beschnüffelt die Hündin, ist sie deckbereit, macht der Rüde kein Geheimnis, daß er nun zur Sache kommen will. Wahrscheinlich schlägt der Rüden-Besitzer jetzt vor, daß Du Dich für eine Tasse Kaffee zurückziehst, die Angelegenheit ihm und seinen Helfern überläßt. Dies ist ein durchaus vernünftiger Rat. Man braucht am besten zwei erfahrene Helfer, die notfalls bei der Paarung assistieren und die Paarung führt zum Erfolg.

Ist die Hündin deckbereit, der Rüde interessiert, besteigt der Rüde die Hündin nach kurzem Flirt, dringt in sie ein. Dabei sollte die Hündin am Halsband festgehalten werden, um zu verhindern, daß sie nach dem Rüden schnappt. Dies wäre eine völlig normale Reaktion, aber sie könnte den Rüden zuweilen verletzen. Ist der Rüde eingedrungen, schwillt der Penis innerhalb der Hündin an, bewirkt ein »Hängen«, das bis zu einer Stunde dauern kann. Sind die Partner erst einmal gekoppelt, dreht sich der Rüde meist so, daß Rüde und Hündin Rute gegen Rute stehen, wobei der Rüde mit dem Penis weiter in der Hündin bleibt.

Während des Hängens solltest Du Dir durchaus das Paar ansehen, wenn auch nur, um ganz sicher zu sein, daß sie mit dem richtigen Rüden gepaart wurde. Ist das Hängen zu Ende, erhält die Hündin Wasser zu trinken, wird zum Ausruhen ins Auto gebracht, auf dem Weg sollte sie nicht urinieren.

Jetzt kommt all der Papierkram mit dem Rüden-Besitzer, der Deckschein wird ausgefüllt, Ahnentafeln in Kopien ausgetauscht. Spätestens jetzt müssen auch alle

ZUCHT

Deckvereinbarungen unterzeichnet werden. Wenn Du selbst Deine eigene Boxer-Familie nicht auszudehnen beabsichtigst, bestehen keine Bedenken, daß der Rüden-Besitzer sich einen Welpen vorbehält, damit ist aus Deiner Warte schon ein Platz für die Nachzuchten gesichert.

WURFVORBEREITUNGEN Die meisten Amateurzüchter verfallen dem fatalen Fehler, die Hündin während der Tragezeit mit allen Zusatzstoffen, die der Markt bietet, voll zu stopfen - wenn sie nur wüßten, welchen Schaden sie dabei anrichten! Solange die Hündin eine gut ausgewogene Ernährung bekommt, braucht sie über die ersten fünf Wochen nichts anderes, erst in den letzten drei Wochen der Tragezeit von durchschnittlich dreiundsechzig Tagen wird die Futtermenge geringfügig vergrößert.

Wenn die Hündin schwerer wird, sollte man ihre Futterration auf zwei bis drei Mahlzeiten am Tage verteilen. Es gibt Züchter, die darauf schwören, daß die Zugabe von Himbeerblättertabletten bei ihren tragenden Hündinnen die Geburt erleichtert. Himbeerblätter sind ein Naturprodukt, können nicht schaden. Vergiß aber nie, den Beipackzettel der Packung zu studieren.

Vor der Paarung werden die Hündinnen entwurmt, es ist ratsam, fünf Wochen nach der Paarung die Wurmkur zu wiederholen, aber nicht später. Über viele Jahre - vor dem Aufkommen der Komplettnahrungen - verabreichten die Züchter ihren tragenden Hündinnen große Mengen an Kalkpräparaten. Heute glaubt man, daß diese Zusätze bei Komplettnahrungen das Gegenteil bewirken und dadurch zu Eklampsie führen könnten, einer Krankheit, die auf Kalkmangel im Blut zurückgeht. Deshalb kann man, wenn erforderlich, erst nach der Geburt zusätzlich Kalk verabreichen.

Natürlich muß der Platz für das Werfen genau festgelegt werden. Du solltest das Geld für eine große Wurfkiste investieren, dazu, wenn möglich, einen zusammenklappbaren Welpenauslauf aus Maschenfeldern. Dieser Auslauf wird wenn die Welpen später umherlaufen, rund um die Wurfkiste gestellt. Wenn der Wurfbereich Zimmertemperatur hat, braucht man keine weitere Heizung. Wirft die Hündin aber in einem nicht zu heizendem Raum, ist es absolut notwendig, über der Wurfkiste eine Infrarotlampe zu installieren, man muß darauf achten, daß sie nicht zu tief hängt.

Bei Kauf der Wurfkiste muß man darauf achten, daß sie an allen vier Seiten »Distanzleisten« (*pig rails*) hat, damit wird verhindert, daß eventuell ein Welpe durch seine sorglose Mutter gegen die Wand gedrückt und erstickt wird.

Sammle rechtzeitig alte Zeitungen, kaufe zumindest drei Stück der flauschigen Polyestertücher für die Wurfkiste, wie sie heute verbreitet angeboten werden. Diese Tücher lassen Flüssigkeit durch das Gewebe in die darunterliegenden Zeitungen absickern, bleiben an der Oberfläche selbst trocken. Sie gehören zu den großartigsten Erfindungen für Hundezüchter. Sie sollten die Fläche des Bodens der Wurfkiste bedecken. Man braucht drei Stück, weil sie laufend gewaschen werden müssen, immer hat man ein Tuch in der Kiste, eines beim Trocknen und eines in der Waschmaschine!

Bringe an der Wand über der Wurfkiste einen Zettel an, auf dem die wichtigsten Telefonnummern notiert sind - Tierarzt und der Züchter der eigenen Hündin.

Über die acht Wochen Tragezeit solltest Du die Hündin langsam an das Wurfzimmer gewöhnen. Ist sie bereit, in der Wurfkiste zu schlafen, wäre dies sehr gut. Wenn die Geburt naht, wird sie sich gerne auf einen ruhigen, bequemen Platz zurückziehen. Um den dreiundsechzigsten Tag wirst Du feststellen, daß Deine Hündin ziemlich ruhelos wird. Wahrscheinlich verweigert sie ihr Fressen, ihre Körper-

OBEN: Schon nach kurzer Zeit werden aus Welpen kleine Persönlichkeiten mit eigenem Charakter.

LINKS: Für den Wurf muß stets frisches und sauberes Wasser zugänglich sein.

OBEN: Die Sozialisation beginnt bereits beim Züchter. Dieser Welpe trifft erstmals mit der Familienkatze zusammen.

UNTEN: Für heranwachsende Welpen ist Ruhe besonders wichtig. Durch das Aneinanderkuscheln finden die Welpen Wärme und Geborgenheit.

DEUTSCHER BOXER

temperatur fällt kurz vor der Geburt auf etwa 36,5° C. Vom Tiefpunkt des Temperaturabfalls an dauert es etwa zwölf Stunden bis zur Geburt. Erstes Anzeichen der beginnenden Geburt ist Hecheln der Hündin. Jetzt gehört sie unbedingt in die Wurfkiste, alle Eindringlinge wie andere Haustiere oder Kinder sollten aus dem Raum gewiesen werden, damit sie die Hündin nicht ablenken. Sie richtet sich in der Wurfkiste ein, beginnt wahrscheinlich wild zu kratzen und zu scharren, um eine Art Nest zu bauen.

DIE GEBURT Im weiteren Verlauf beginnen die ersten Vorwehen, die in Preßwehen übergehen. Verläuft alles richtig, entdeckst Du einen ballonartigen Beutel, der in der Scheide auftaucht. Kein Grund zur Panik! Du siehst die Fruchtblase, die den ersten Welpen enthält. Meist werden Welpen mit dem Kopf zuerst geboren, es gibt aber durchaus auch Steißgeburten. Zuweilen sind Steißgeburten etwas schwieriger, bedürfen ab und zu der Hilfe. Dabei benutzt man ein Tuch, faßt damit die Hinterläufe des Welpen, zieht damit den Welpen - immer nur während der Preßwehen - langsam aber sicher heraus. Nie darf man grob ziehen, auch keinesfalls ohne gleichzeitige Wehen, das könnte den Welpen schädigen. Ist der Welpe geboren, wird die Fruchtblase geöffnet, dann hält man der Hündin den Welpen vor, so daß sie die Nabelschnur durchtrennen, die Nachgeburt auffressen kann. Züchterneulinge werden sich über solche Praktiken wundern, aber es ist für Caniden absolut normal, denn die Nachgeburt fördert die Wehenbildung, soll auch die Antikörper in der Milch verstärken. Hat die Hündin Schwierigkeiten, die Nabelschnur zu durchtrennen, nimmt man eine steril gemachte Schere, durchschneidet etwa 5 cm vom Körper die Nabelschnur und bindet mit einem sterilen Faden den Nabel ab. Meist beginnt die Hündin den Welpen ziemlich energisch abzulecken, trocknet ihn, diese Massage bringt Leben in den kleinen Körper. Manchen kommt dies ziemlich grob vor, aber kein Grund zur Beunruhigung, Welpen sind recht hart im Nehmen, und Mutter weiß es immer am besten. Hat die Hündin den Welpen saubergeleckt, scheint alles normal, wird er an eine Zitze angelegt, ermuntert man ihn zum Saugen. Die meisten Welpen finden völlig von sich aus den richtigen Weg.

Bei Boxer-Hündinnen sind die Abstände zwischen den einzelnen Welpen unterschiedlich lang. Einige gebären hintereinander wie beim Erbsenauspulen, bei anderen dauert es zwischen den Welpen Stunden. Sind aber drei Stunden vorüber, gibt es keine Anzeichen für eine Fortsetzung der Geburt, sollte man den Tierarzt unterrichten, eventuell braucht die Hündin eine Wehenspritze. Zuweilen können auch Geburtsstörungen vorliegen, die Hündin scheint überanstrengt. Sind aber offensichtlich noch immer Welpen im Mutterkörper, sollte man den Tierarzt hinzuziehen, möglicherweise bedarf es einer schnellen Kaiserschnittoperation. Derartige Kaiserschnitte sind beim Boxer nicht häufig, aber doch manchmal notwendig.

Zum Ende einer Normalgeburt wird die Hündin müde aber zufrieden erscheinen, ist mit ihren Welpen glücklich. Innerhalb von vierundzwanzig Stunden nach der Geburt, sollte man den Tierarzt auch bei völlig normalem Verlauf der Geburt hinzuziehen, damit er alles, Hündin wie Welpen kontrolliert, letztere auch auf eventuelle Mißbildungen, wie Spaltrachen.

Sind alle Welpen geboren und haben getrunken, bringt man die Hündin für einige Minuten aus dem Geburtsraum, führt sie nach draußen, damit sie sich lösen kann. Während die Hündin aus dem Raum ist, legt man die Welpen in den großen Karton, nimmt die alten Zeitungen weg, die von grünem Ausfluß und Blut bedeckt sind. Die Wurfkiste wird getrocknet, darauf kommt eine Lage sauberer alter Zeitungen, darüber die schon besprochene Stoffeinlage. Wenn alles sauber und ordentlich ist, werden die Welpen zurück in die Wurfkiste gelegt, holt man die Hündin wieder in den Raum. Man muß sie sicherlich nicht zweimal rufen! Jetzt wäre es Zeit, ihr einen erfrischenden Trank von Wasser mit Traubenzucker anzubieten.

NACH DER GEBURT Boxer-Zucht bringt nicht immer nur angenehme Stunden. Nach der Geburt müssen alle Welpen auf eventuelle gesundheitliche und anatomische Schäden kontrolliert werden, dies gilt besonders für Spaltrachen, aber auch andere schwerwiegende anatomische Schäden, die ein schmerzloses Töten der Welpen erzwingen.

In früheren Zeiten gehörten zu den sicheren Todeskandidaten auch weiße Boxer-Welpen. Nach dem Standard ist dies eine verbotene Farbe. Glücklicherweise hat das deutsche Tierschutzgesetz klar festgelegt, daß ein gesundes Wirbeltier ohne vernünftigen Grund nicht getötet werden darf. Es kann überhaupt kein Zweifel bestehen, daß »Fehlfarben« kein solcher vernünftiger Grund sind. Der Vorteil dieses Verbotes liegt darin, daß diese Welpen heute aufgezogen werden müssen, damit auch bekannt wird, in welchen Würfen weiße Welpen geboren wurden. Es ist dann Sache der Züchter, durch entsprechende Paarung das Auftreten weißer Nachzuchten zu minimieren. Die betroffenen Welpen selbst können ganz prächtige Familienhunde werden, man sollte sie an Liebhaber abgeben.

Über die ersten Wochen müssen laufend die Zitzen der Hündin auf Verhärtungen überprüft werden, sie könnten Vorbote einer Mastitis sein. Findet man solche Verhärtungen, werden die Zitzen mit warmem Wasser abgewaschen, vom Tierarzt erhält man ein geeignetes Medikament. Über die ersten Tage erhält die Hündin über den Tag verteilt mehrere kleine Mahlzeiten, keinesfalls darf man mit irgendwelchen Zusätzen übertreiben. Am besten fragt man erfahrene Züchter und den Tierarzt, verwendet Zusatzstoffe ausschließlich entsprechend den klaren Anweisungen der Hersteller.

WARNSIGNALE Es ist völlig normal, wenn die Hündin über die ersten Tage nach der Geburt stärkeren blutigen Ausfluß zeigt, selbst über die ersten acht Wochen nach der Geburt ist ein leichter Ausfluß normal. Färbt sich dieser Ausfluß jedoch leuchtend rot, sollte man den Tierarzt rufen, es könnte ein Anzeichen sein, daß die Gebärmutter infiziert ist.

Eklampsie habe ich schon erwähnt. Ist der Kalziumspiegel der Hündin stark abgefallen, wird sie sehr unsicher auf den Läufen, ihre Augen wirken starr, sie verhält sich ihren Welpen gegenüber seltsam, versucht möglicherweise »sie zu beerdigen«. Bei jedem dieser Symptome sollte man sehr schnell den Tierarzt hinzurufen, Eile ist geboten! Durch intravenöse Kalziuminjektion läßt sich die große Gefahr beheben.

ENTWÖHNUNG Die Entwöhnung beginnt ernsthaft etwa im Alter von drei bis vier Wochen. Jetzt ist es auch wichtig, nach Vorschrift des Tierarztes sowohl Hündin wie Welpen zu entwurmen. In der Regel weisen alle Welpen Spulwurmbefall auf, dieser muß so früh wie möglich beseitigt werden. Keine zwei Züchter entwöhnen ihre Welpen auf gleiche Art. Sinnvoll wäre es, wenn Du Dich beim Züchter Deiner Hündin erkundigen würdest, möglicherweise nach seiner Methode den Wurf aufziehst. Es gibt auch erstklassige Fachbücher, die den richtigen Weg weisen. Einige Züchter beginnen mit der Beifütterung mit rohem Schabefleisch, andere beginnen direkt mit industriell hergestelltem Welpenfutter. Gleich welche Methode, den ersten Geschmack von fester Nahrung erhält der Welpe über Deinen Finger. Tauche ihn in

Welpen brauchen immer sicheres Spielzeug, dadurch werden körperliche und seelische Entwicklung der jungen Hunde gezielt gefördert.

RECHTS: Die beste Art, einen Welpen zu beurteilen, besteht darin, daß man ihn einmal auf einem Tisch aufbaut.

UNTEN: Dieser Boxer-Welpe ist nunmehr bereit, in der Welt seiner neuen Besitzer sein eigenes Leben zu führen.

DEUTSCHER BOXER

das Futter, nimm kleine Futterpartikel, laß den Welpen ablecken. Recht schnell bekommt der Welpe Interesse an »richtigem Futter«, schon nach kurzer Zeit fressen alle fröhlich aus einer Schüssel.

Die meisten Züchter geben ihren Welpen täglich zwei Fleischmahlzeiten und zwei Mahlzeiten auf Milchbasis. Einige Züchter bevorzugen es, ihre Welpen einzeln zu füttern, möchten damit erreichen, daß jeder seinen angemessenen Anteil erhält. Andere Züchter sind Anhänger der Theorie, daß eine große Futterschüssel gesunden Wettbewerb und gesunden Appetit schafft. Hierbei besteht aber die Gefahr, daß etwas zurückgebliebene Welpen weggestoßen werden, nicht den für sie erforderlichen Anteil finden. Mit vernünftiger Überwachung sollten Welpen bis zu acht Wochen so viel fressen dürfen wie sie möchten. Glücklicherweise sind Boxer »tüchtige Fresser«, nur sehr selten wählerisch mit ihrer Nahrung.

DIE HERANWACHSENDEN WELPEN Man muß die Welpenkrallen sorgfältig beobachten, meist wachsen sie sehr schnell. Diese Krallen sind sehr klein, können aber beim Saugen der Welpen der Hündin große Schmerzen bereiten, wenn sie nicht regelmäßig zurückgeschnitten werden. Eine normale Nagelschere ist für diese Aufgabe recht geeignet. Zumindest einmal wöchentlich sollte man die Krallen schneiden. Manche Hündinnen säugen ihre Welpen ungern, wenn sie merken, daß sie als Kratzbretter dienen.

Sind die Welpen erst auf den Läufen und wandern umher, muß die Wurfkiste mit einem Welpenauslauf gekoppelt werden. Damit erreicht man, daß sich die Welpen nicht verlaufen. Es empfiehlt sich immer, den Welpenauslauf zentral innerhalb des Haushaltes unterzubringen, denn die Welpen gewöhnen sich dadurch von früh an all die menschlichen Alltagsgeräusche. Die am besten geprägten Welpen sind immer diejenigen, die mitten im Haushalt aufgezogen werden, dies ist viel besser als in einem isolierten Zwinger.

Bald wird die Hündin anzeigen, daß sie bereit ist, sich über längere Zeitabschnitte von ihren Welpen zurückzuziehen. Ihre Milchleistung schwindet, dadurch wird sie auch zögerlich, sich über längere Zeit zwischen ihre Welpen zu legen. Etwa nach fünf Wochen sind die meisten Hündinnen ganz glücklich, ihre Familie zu verlassen, sich in den allgemeinen Haushalt zurückzuziehen.

Wenn die Welpen entwöhnt sind, sollte man Besucher einladen, die Welpen anzufassen, mit ihnen zu spielen, das ist eine große Hilfe beim Sozialisieren der Hunde. Achte aber bei irgendwelchen grassierenden Infektionen darauf, daß sich die Besucher vor dem Spiel mit den Welpen desinfizieren, eine Krankheit wird nur zu leicht übertragen.

Wenn die Welpen erst einmal acht Wochen alt sind, sollten sie in ihr neues Zuhause umgesetzt werden. Der Züchter hat ihnen alle Liebe und Aufmerksamkeit geschenkt, das Abschiednehmen ist immer außerordentlich schwer. Seine Aufgabe ist sicherzustellen, daß alle Welpen in ein gutes neues Zuhause kommen, wo man sie liebt und richtig betreut.

LITERATURHINWEISE In diesem Kapitel konnte zwangsläufig nur ein Bruchteil des Wissens übertragen werden, das für eine vernünftige Hundezucht erforderlich ist. Hier seien nachdrücklich die Bücher empfohlen: *Dr. D. Fleig: TECHNIK DER HUNDEZUCHT, Dr. Malcolm Willis: GENETIK DER HUNDEZUCHT,* beide erschienen im *KYNOS VERLAG.*

Kapitel 7
GESUNDHEITSFÜRSORGE

Seiner Natur nach ist der Boxer eine robuste Rasse, verhältnismäßig pflegeleicht. Trotzdem sollte man jede Woche bei der üblichen Pflegesitzung Augen, Ohren, Zähne und Haarkleid prüfen. Erscheint Dein Boxer etwas abgespannt, müde oder verweigert er über mehr als vierundzwanzig Stunden die Nahrung, solltest Du den Tierarzt aufsuchen. Je früher man Krankheitssymptome entdeckt, umso besser lassen sich Krankheiten auskurieren, ehe sie ernsthafter werden.

ALLGEMEINERKRANKUNGEN
ANALDRÜSEN: Der einzige Bereich, der zusätzlich kontrolliert werden muß, sind die Analdrüsen. Diese Drüsen liegen beidseits des Afters, manchmal, ohne ersichtlichen Grund, verstopfen sie. Ein Hinweis darauf ist, wenn der Boxer mit dem Hinterteil auf dem Boden rutscht, eine leichte Anschwellung im Analdrüsenbereich, auch gelegentlich fauler Geruch. Das Ausdrücken der Drüsen ist einfach, bedarf nur Sekunden, aber einer erfahrenen Hand und einer ganzen Menge Tücher. Am besten überläßt man dies dem Tierarzt. Versuche von Laien könnten Verletzungen auslösen.

MAGENUMDREHUNG: Ursache hierfür sind Gärprozesse mit starker Gasbildung im Magenbereich, die manchmal dazu führen, daß sich der Magen dreht. Eine gefährliche Erkrankung, die sofortiger tierärztlicher Behandlung bedarf, andernfalls tödlich ausgeht.
 Es gibt viele verschiedene Theorien, was die Magenumdrehung wirklich verursacht, sie alle sind aber wissenschaftlich nicht bewiesen. Eine gute Vorbeugung besteht darin, eher zwei kleinere Mahlzeiten als eine große zu geben, besonders wenn Komplettfutter Verwendung findet. Nach der Mahlzeit sollte der Auslauf etwa eine Stunde eingeschränkt werden.

VERBRENNUNGEN: Verbrennungen und Verbrühungen müssen sofort behandelt werden. Zur Schmerzlinderung wird kaltes Wasser auf die betroffene Stelle gebracht, dann sollte der Hund so schnell wie möglich zum Tierarzt.

SCHNITTE UND WUNDEN: Zu irgendeinem Zeitpunkt im Leben des Boxers wird immer einmal ein kleiner Schnitt oder eine Wunde auftreten. Bei kleinen Schnitten und Verletzungen erfolgt Reinigung mit einem milden Desinfektionsmittel, Behandlung mit einer antiseptischen Salbe, das müßte ausreichen. Größere Wunden müssen meist vom Tierarzt genäht werden, tiefe Wunden unterliegen Infektionen, erfordern meist Antibiotika. Durchschnittene Ballen sind manchmal schwierig zu behandeln, bei einem Schnitt wird gereinigt wie oben, dann folgt eine Behandlung mit einer Lösung für »neue Hautbildung«. Diese wird meist aufgepinselt und bildet eine Schutzschicht, wodurch der Heilprozeß beschleunigt wird.

ZYSTEN: Ab einem mittleren Alter und danach sind Boxer für das Entstehen kleiner Zysten anfällig. Die meisten bleiben klein und sind gutartig, bedürfen nie einer Behandlung. Wenn man aber beobachtet, daß eine Zyste schnell wächst, muß der Tierarzt kontrollieren. Zwischenzehenzysten werden oft recht schmerzhaft, bedürfen in einigen Fällen chirurgischer Behandlung.

SEITE VISAVIS: Kontrolliere regelmäßig den Körperzustand Deines Boxers. Dies sichert, daß Du meist erste Anzeichen einer Krankheit entdeckst, ehe sie auftritt.
Foto: Diane Pearce

RECHTS: Gerade der ältere Boxer verdient besondere Beachtung, sorgfältige Betreuung, damit es ihm an nichts fehlt.

UNTEN: Ältere Boxer werden langsamer, sie genießen aber unverändert ihr Leben in so angenehmer Gesellschaft.

DEUTSCHER BOXER

HITZSCHLAG: Die meisten Boxer lieben die Sonne, aber zuviel Sonnenbaden kann zum Hitzschlag führen. Ist Dein Boxer betroffen, wird er ziemlich wackelig auf seinen Läufen, vor allen Dingen steigt die Körpertemperatur schnell hoch an. Versuche die Körpertemperatur durch Eispackungen zu reduzieren, im Notfall helfen große Packungen Tiefkühlerbsen aus dem Gefrierschrank, in ein Tuch eingepackt. Der Hund muß an schattigem Platz kühl gehalten werden. Niemals darf man einen Hund alleine im Auto lassen, auch nicht an einem mäßig warmen Tag, denn ein geparktes Auto kann sich wie ein Ofen aufheizen. Immer wieder sterben Hunde in heißen Autos, sorge unbedingt dafür, hier nie ein Risiko einzugehen.

VERGIFTUNG: Boxer sind immer neugierig, manches könnte Deinen Hund im Garten in Versuchung führen, das ihn möglicherweise ohne Dein Wissen gefährdet. Wenn Du siehst, daß Dein Boxer etwas wackelig auf den Läufen steht, glasige Augen hat, ziemlich unorientiert wirkt, besteht die Gefahr, daß er eine giftige Substanz aufgenommen hat. Beste erste Hilfe ist es, dem Hund Kochsalz in die Kehle zu schütten, gefolgt von etwas Wasser, das ihn zum Erbrechen bringt. Danach muß der Tierarzt unbedingt den Hund untersuchen.

STICHE: Boxer sind von Bienen, Wespen und anderen summenden Insekten geradezu fasziniert. Oft endet diese Neugierde harmlos, aber manchmal führt sie zu einem Stich. Ist dieser äußerlich, wird er mit einer antiseptischen Lösung behandelt, dann folgt eine Paste aus Sodabicarbonat mit Wasser. Erfolgt der Stich innerhalb des Fangs, werden Eiswürfel aufgelegt, muß man sofort den Tierarzt hinzuziehen.

MAGENVERSTIMMUNGEN: Man sollte den Stuhlgang des Boxers beobachten, er sollte immer fest und wurmfrei sein. Bei flüssigem Stuhlgang liegt in aller Regel eine Magenverstimmung vor. Der beste Rat lautet, den Hund vierundzwanzig Stunden lang fasten zu lassen, dabei muß er immer Zugang zu frischem Trinkwasser haben. Beginnt man wieder mit der Fütterung, erhält er zunächst Schonkost wie Fisch oder gekochtes Huhn mit Reis. Dauert der Durchfall an, den Tierarzt hinzuziehen.

LITERATURHINWEIS Auch dieses Thema konnte nur kurz behandelt werden. Wir empfehlen dringend: *Tim Hawcroft: ERSTE HILFE FÜR HUNDE (KYNOS VERLAG).*

KRANKHEITEN
PROGRESSIVE AXONOPATHY: Nach dem Zweiten Weltkrieg standen beiderseits des Atlantiks große und leistungsstarke Boxer-Zwinger, viele davon gehen auf gleiche Blutlinien zurück. Bis zum heutigen Tage kommen unaufhörlich weitere Importe nach England herein, allerdings nicht in so großem Umfang wie in den 1980er Jahren. Der Grund für diesen plötzlichen Einbruch war nicht so sehr, die erreichte Verbesserung der Rasse, Ursache war vielmehr Not und Verzweiflung. Diesen Grund kann man in zwei Buchstaben zusammenfassen - PA - Progressive Axonopathy. Bis zum heutigen Tage läuft es bei diesen zwei Buchstaben den englischen Boxer-Züchtern kalt über den Rücken. Ende der 1970er Jahre berichteten Züchter in England über Boxer-Welpen, manchmal etwa sechs Monate alt, die von den Läufen kamen, nach und nach gelähmt wurden. Die Erkrankung war unheilbar, die Verzweiflung, einen heißgeliebten Lebensgefährten bis zur Agonie zu begleiten war mehr, als viele Hundebesitzer auszuhalten vermochten. Anfänglich glaubte man, daß es sich bei den Fällen um einzelne, isolierte Geschehnisse handelte, aber immer

GESUNDHEITSFÜRSORGE

mehr Informationen kamen herein. Es wurde offensichtlich, daß diese Progressive Axonopathy eine tödliche Erkrankung darstellte, die das Nervensystem befiel. Hinzu kam, es schien eine spezifische Boxer-Krankheit zu sein und - am allerschlimmsten - diese Erkrankung war eine Erbkrankheit. Verschiedene Theorien wurden aufgestellt, welche genetische Voraussetzungen der Krankheit zugrunde lagen. Und dank der mühseligen, kostbaren Arbeiten von Dr. Ian Griffiths und Dr. Bruce Cattanach, letzterer nicht nur Genetiker, sondern gleichzeitig erfolgreicher Boxer-Züchter, wurde entdeckt, daß das Gen für PA eine einfache rezessive Erbfolge hat. Bis heute gibt es keine Gewißheit, wann und wo die Krankheit auftritt. In der Praxis bedeutet dies, daß ein Boxer klinisch gesehen völlig normal und gesund erscheint, aber dennoch das Gen trägt. Wenn dann zwei Träger - ohne es zu wissen - miteinander gepaart werden, schlägt das Unglück zu, es werden Welpen gezeugt, die an PA erkranken.

Zu den herzzerreißenden Tatsachen dieser schrecklichen Erkrankung gehört, daß sie sichtbar wird, bis der Welpe die Pubertät erreicht hat. Stelle Dir das Leid vor, wenn die Hundeliebhaber ihren Welpen nach Hause gebracht haben, er stubenrein ist, erzogen, von allen geliebt - und wenn man seinen Junghund plötzlich in einer so tragischen Situation mit den ersten Lähmungsanzeichen antrifft. Trotz anfänglicher großer Auseinandersetzungen in der Rasse packten die Boxer-Züchter und der Boxer Breed Council (von verschiedenen regionalen und nationalen Rassezuchtvereinen aufgebaut) den Stier bei den Hörnern, bestimmten nach bestem Wissen und Gewissen, was die Rasse gegen PA schützen sollte. Es kam zu überwachten Testpaarungen zwischen Trägern und »Unbekannten«. Dadurch wollte man Träger diagnostizieren, nach und nach kann man am Ende des Tunnels etwas Licht entdecken. Einige Züchter hatten überhaupt keine Alternative, sie mußten sich umstellen, abschreiben was sie zuvor aufgebaut hatten, in manchen Fällen die Arbeit eines Lebens. Spitzenausstellungshunde wurden kastriert, in Liebhaberhände abgegeben, bisher wertvolle Zuchthündinnen wurden kastriert, einige Züchter mußten ganz von vorne mit neu gekauftem Zuchtmaterial beginnen. Viele Hunde davon wurden aus Ländern importiert, wo man von PA noch nie etwas gehört hatte. Es spricht sehr für das Verantwortungsbewußtsein und die Opferbereitschaft der englischen Boxer-Züchter, daß die Rasse heute die PA-Situation recht gut gemeistert hat. Neue Fälle treten selten auf, aber jedermann, der Boxer züchtet, muß die Abstammung sorgfältigst untersuchen, sich mit Experten beraten, die gerade die Linien mit PA-Befall genau kennen.

Wie kann man heute das Entstehen eines PA-Welpen vermeiden? Als erstes steht zu hoffen, daß Deine Hündin aus einem nicht befallenen Zuchtmaterial kommt, dies sollte man sich aber unbedingt vom Züchter bestätigen lassen. Dann solltest Du eine Informationsschrift über die Krankheit studieren, man erhält sie vom örtlichen Boxer Club, sie enthält eine Liste der Trägerhunde und der Hunde, die offensichtlich nicht befallen sind. Es ist wichtig zu wissen, daß die eigene Hündin aus diesen nicht befallenen Linien stammt. Überprüfe ihre Ahnenreihe Hund für Hund nach dieser Liste, vergewissere Dich, daß wirklich kein Träger darunter ist. Wenn die Abstammung abgeklärt ist, hat man die erste Hürde überwunden.

HERZKRANKHEITEN: Einige Boxer-Linien scheinen mit Herzerkrankungen belastet zu sein. In vielen Fällen bedeutet dies nicht viel mehr als leichte Veränderungen, die die Qualität eines Boxerlebens überhaupt nicht beeinflussen - in anderen Fällen kann dies aber auch ernsthafter verlaufen. Möchtest Du mit Deiner Hündin züchten, solltest Du Dich gründlich vergewissern, ob sie für die Zucht körperlich fit ist, ein Herztest

DEUTSCHER BOXER

sollte unbedingt durchgeführt werden. Es sind Herztestmöglichkeiten auf Boxer Shows eingerichtet worden, aber auch jeder Tierarzt kann diese Prüfung durchführen.

HÜFTGELENKSDYSPLASIE: Wieder eine Erbkrankheit, die einige Boxer in gewissem Umfange belastet. Zur Feststellung des Gesundheitsstatus der Hüften erfolgt das Röntgen des Hundes unter Vollnarkose. Die Röntgenbilder werden an eine zentrale Stelle geschickt, die sie auswertet. Die einzelnen Boxer Clubs haben in ihren Zuchtbestimmungen klar festgelegt, daß nur mit Hunden gezüchtet werden darf deren Hüftgelenksbefund akzeptabel ist.

BOXER VETERANEN

BETREUUNG DES ÄLTEREN HUNDES: Wenn Dein Boxer in ein höheres Alter kommt, fällt ihm das eine oder andere schwerer, was ihm in seiner Jugend keine Mühe bereitete. Er wird allgemein etwas langsamer werden, möglicherweise sind einige seiner wichtigen Organe schwächer geworden. Alte Hunde leiden wie ältere Menschen an Arthritis. Für den älteren Boxer ist es deshalb wichtig, ein festes, aber weiches Lager zu haben, unten am Boden, völlig zugfrei. Es gibt verschiedene Hundebetten, eigens für ältere Hunde entworfen. Wenn Arthritis auftritt, sollte auch der Auslauf des Hundes eingeschränkt werden. Im weiteren Verlauf braucht Dein Boxer für auftretende Alterserkrankungen tierärztliche Hilfe. Was die Fütterung angeht, werden die Mahlzeiten mengenmäßig etwas reduziert, es wird aber häufiger gefüttert. Starker Durst könnte ein Signal für den Beginn einer Nierenerkrankung sein.

Die Betreuung des Boxer Veteranen erfordert Geduld und Verständnis, immer sollte Lebensqualität das Wichtigste in Deinen Erwägungen sein. Manchmal erfordert dies eine Veränderung des Lebensstils, aber mit wenigen kleinen Veränderungen können viele Boxer auch ihre Jahre als Pensionär genießen.

DER ABSCHIED: So sehr es schmerzt, unsere Hunde leben bei weitem nicht so lange wie wir selbst. Boxer werden im Durchschnitt etwa zwölf Jahre alt. Es ist die große Hoffnung jedes Hundebesitzers, daß sein Gefährte - wenn die Zeit gekommen ist - im Schlaf friedlich von dannen geht. Dies befreit jeden Hundebesitzer von der schrecklichen Last, eine herzzerreißende Entscheidung zu treffen. Sollte Dein Boxer aber sehr alt und krank sein, muß die wichtigste Erwägung seine Lebensqualität sein. Zu viele Hundebesitzer schieben *diese Entscheidung* vor sich her, nicht um des Hundes willen, sondern um ihre eigenen Gefühle zu schonen - *und dies ist falsch!* Wahrscheinlich hat Dein Boxer ein fröhliches und aktives Leben geführt. Wird er jetzt inkontinent oder durch Arthritis verkrüppelt, verliert er seinen Stolz, seine Unabhängigkeit. Tritt dies ein, mußt Du lange und hart nachdenken, ob es nicht wirklich das Beste für ihn ist, ihn aus dem Leben zu nehmen, das für ihn nur noch Elend bedeutet. Mit Sicherheit hat Dir Dein Boxer über sein ganzes Leben hundert Prozent Loyalität entgegengebracht. Du schuldest ihm das Gleiche! So sehr es Dich schmerzen mag, es kann der Zeitpunkt kommen, wenn es das Beste für Deinen Boxer ist, daß Du ihm ermöglichst, diese Welt in Würde zu verlassen.

Sein Abschied wird in Deinem Leben eine große Lücke hinterlassen, möglicherweise empfindest Du, daß Du Dein Herz nie einem anderen Boxer zu schenken vermagst. Aber die Zeit heilt Wunden, nach und nach erinnerst Du Dich all der guten Zeiten, die ihr gemeinsam verbracht habt, all der Freude, die er Dir schenkte, vielleicht auch der Begeisterung, als Du erstmals das Gesicht dieses kleinen fröhlichen Welpen sahst, und das - könnte ein neuer Anfang werden!